15分後　最高にかっこいい　自分になる

プロローグ

なんて美しいのだろうか。

春になれば嬉《うれ》しそうに桜が咲き、
夏になれば怒るかのように強い日差しがさす。
秋になれば哀しそうに葉が散り、
冬になれば楽しそうに雪は降り積もる。

この国は本当に美しい。
色とりどりな四季あるこの場所で、僕は今日も、まだ見ぬ明日と共に、
色とりどり個性豊かなお客様と出会う。

美容師

この仕事は美しい。
まだ見ぬお客様との出会いを信じ、努力し、悔やみ、泣き、笑い、
そして出会う。

自分と共に人生を歩むお客様と。

お客様、それは僕の人生の誇りだ。

だから、僕は胸を張ってこの言葉を言うだろう。

「この仕事には、命を懸ける価値がある。」

はじめに

僕は今、渋谷のメンズサロンＧＯＡＬＤ《ゴールド》で美容師をしている。ここに来てくれるメンズを、本人史上、最高にかっこよくするのが使命だと思っている。

僕を指名して、店に来てくれる男子は、自分に自信のない子が少なくない。

そんな彼らに僕は、こう伝えている。

「２年間、僕に髪を切らせてくれたら、究極、自分に自信を持てるようになるよ」と。

なぜ、そんなことを言い切れるのかというと、僕が彼らの外見も内面も、両方、壮大に変えていくからだ。

内面のかっこよさとは、一言でいうと自信だ。

それは、能力的な自信ではなく、自分の生き方、人生そのものに対する自信といえる。

これが、この本の大きなテーマでもある。

僕が大事にしている言葉で、

「外見は内面のいちばん外側」


というフレーズがある。

今の社長・中村トメ吉に教わった言葉だ。

外見と内面は切り離せるものではない。だから両方、重要。

髪をいい加減にケアしていれば、心も張りを失い、だらしなくゆがんでいく。

だってそうだろう。人様の目につくところでさえ、気を遣わないなら、誰にも見られない心をきちんと整えるはずがない。


逆に髪型をガラッと変えて、過去一かっこいい自分に出会うと、その髪型に見合った自分になろうと努力するし、自信も芽生える。

自信を持てば、それは外見にもにじみ出て、相乗効果となる。
事実、僕の元に2年間、通ってくれた男子たちには、大きな変化が起きる。女の子に声をかけることさえできなかった男子が、同窓会で別人のようにモテたり、来店当初はオドオドして、どんな髪型にしたいかさえ伝えられなかった子が、自信にあふれ、就活全勝したり。

だから、本当に人生を変えたいと思ったならば、髪型をおろそかにしないで、徹底的にこだわってほしい。
それが、最高にかっこいい自分になる始まりだからだ。

そのきっかけは15分で手に入る。

ありがたいことに、「米田のカットは、人生を変えるカット」と、言っていただくことがある。それは、ヘアカットだけでなく、お客様が僕のアドバイスを心から受け止めてくれているからだと思う。
その実際のやり取りを、ふんだんに掲載した。だからこの本は、お客様と僕が歩んできた日々がギッシリ詰まった本といえる。

ここに登場するお客様たちは、さまざまな悩みを抱えている。35のエピソードの中には、あなたにも、きっと当てはまることがあると思う。自分自身に照らしながら読んでいただけたら、あなたの悩みも解決できると信じている。

この本をきっかけに、本当の自分を見つけ、新しい自分に出会い、新たなスタートを切ってほしい。それが、この本で提供できる最大のメリットだ。

米田　星慧

第1章　ファースト・メッセージ「挑戦」

第2章 セカンド・メッセージ「自信」

第3章 サード・メッセージ「夢」

ラスト・メッセージ

第１章

ファースト・メッセージ「挑戦」

髪型で人生は変わる。僕が証明してみせる

「『GOALD』ってイケてるメンズが行くとこでしょ」

うちをよく知らない人からこんなことをよく言われる。東京のど真ん中、渋谷でサロンを開き、オーナー・中村トメ吉がテレビなどでカリスマといわれているからかもしれない。確かにうちは、かっこいいメンズが来る。

だけど彼らも最初からイケていたわけじゃない。美容室に来るのも初めて。人とまともに話すことも苦手。初めてのお客様には、髪質で悩んでいることなどをカルテに書いてもらうのだが、ペンを持つ手が震えている……、そんな男の子たちもいる。

「僕、まともに女の子と話したことないんです」

と肩をすぼめて、鏡の前に座る高校生もいれば、

「どうせ俺なんて」

が口ぐせの大学生も来る。

　彼らは大切なお客様だけれども、僕は、変にこびたり、おべっかは使わない。

「そんなことないですよ」

と心にもないことを言って、髪を切るなんて言語道断。その人たちの改めたほうがいいところは正直に指摘し、それを改善する手伝いをするのが、僕の役目だと思っている。

　そのうえで、こう提案する。

「君の個性を引き立てるために、前髪をこうして、サイドはこれぐらい残してみようか」

　つまり、髪型で彼らがかっこよく、自信を持てるように全力を尽くすのだ。

たかが髪、されど髪。人が人を見る時、まっさきに何が目に入ると思う？髪だ。

正面からでも後ろ姿でも、ほぼ100％、髪が目に入る。人は髪の印象から、「この人はこんなタイプかな……」と判断される。

「見た目より中身を見てくれよ！」と思うかもしれないが、その人の個性は髪型で決まるといっても過言ではない。

ちょっと気合を入れたい時は、ワックスで固めて、強めに。優しい雰囲気を出したい時は、ボリュームを出して、ちょっとふんわりと仕上げる。これだけで、前者は強そう、後者は優しそうという印象になる。

つまり髪型ひとつでなりたい自分になれるのだ。カットだけなら15分～20分。髪にハサミを入れた瞬間から、人は変わっていく。それは間違いない。

髪を切って、かっこいい自分に生まれ変わったら次は行動だ。その行動が必ず君の人生を変える。

僕がそれを証明してみせる。

「人生を変えるのは、いつだって自分自身。」

できると信じれば、必ずできる。ハンデだって、最強の武器になる

―片手の美容師の挑戦―

お客様の中には奇跡のような人がいる。

ある夏の日のことだった。高校生の男の子が来店した。直感的に何か事情があるのだろうな、と感じた。その子はうつむきがちで、どこか元気がない感じだった。

「米田さんに切ってほしくて来ました」

小さな声で話す彼に、よくよく聞いてみると、東北から新幹線でやってきたという。色の白い男の子だった。席に着き、ぐっと拳を握り締めている。緊張しているのかなと思って、カウンセリングをしていくうちに気がついた。

左手が包帯で覆われていたのだ。

「実は……」

彼は自分の左手を見て、事情を話し始めた。自分は工業高校に通っていて、ある実習で機械を操作している時に、不幸な事故に遭《あ》ってしまい、利き手である左手の指を親指以外、切断してしまった。事故のショックから、その場で意識を失ってしまい、入院したという。

「僕はその前から、米田さんのことをインスタで知っていて。こんな熱い人がいるんだ、自分も美容師になりたいって、思っていたんです」

彼はそう言った。やるせなかった。美容師は指先を使う仕事だ。いくらもう片方の手の指がそろっていたとしても、不自由が出てくる。僕は何も言えなくなってしまった。すると彼はこう続けた。

「事故のショックで意識を失って、昏睡状態だったんです。だけど、うっすらと目を覚ますと、付き添っていた母親に、〝米田さんに会いたい〟って朦朧《もうろう》とした意識の中で言っていたそうです」

胸がぎゅっと締めつけられた。生死をさまようような状態の中で、まだ会ったこともない僕を必要としてくれたなんて……。

この子に、僕は何ができるだろうか。必死に考えた。

「美容師になりたいの？」

「はい。米田さんみたいな」

どうしてもこの子には夢を叶えてほしい。そして悔いのない人生を送ってほしい。

「人間には無限の可能性があるんだよ。１％でも可能性があれば絶対にやったほうがいい」

気がつくと僕は、泣きながらカットをしていた。

「指がなくたって、美容師になれる。まだできることはあるし、義手でも美容学校には通える。そんな道を俺が一緒に探してやるから、任《まか》せろ」

片手でもできることを証明したくて、最後は彼の髪を片手でセットした。

指のない左手

義手でも通える美容学校が見つかり、彼は人一倍の努力をして美容師になった。美容師になってから、ある日、僕の元を訪ねてきた。

「あの日、米田さんのところに来た時は、絶望のどん底だったんです。でも、米田さんが、まだできることがある。俺も一緒にその方法を探してやるって、言ってくれたおかげで、あきらめずに美容師になることを決意したんです」

驚くべきことにハサミを持つ手は右手。そう、利き手を作り直したのだ。

親指だけの左手で器用に髪をつかみ、彼はお客様の髪にハサミを入れている。

「時々、お客様から〝その手どうしたんですか？〟って、聞かれるんですが、素直に事故のことを話します。すると、とても興味を示されて、常連のお客様になってくださることが多いんです。だから、今となってはこの指のない手が僕のいちばんの武器です」

彼は明るい笑顔で、そう語った。

僕は誇らしくなった。いつの間にか僕のほうが励まされていた。自分は、まだまだできることがある。

ハンデも努力次第で味方になるどころか、武器にもなる。

人はどんな状況でも、自分次第で何だって成し遂げられる、そう彼は、僕に教えてくれた。

「ハンデこそ、最強の強みになる。」

今日、ここに髪を切りに来たってことは、昨日の自分よりも絶対にかっこいい

君が僕のところに来る。髪を切りたいと思って、予約を入れる。それだけでもう昨日の君よりもかっこよく進化している。

人間の進化は秒速だ。変わりたいと心から思えば、その瞬間からかっこよくなっていく。逆に「どうでもいい」とあきらめたら、転がるように後退していく。

ある時、僕のところに純朴な高校生の男の子がやってきた。彼は、今まで髪を伸ばした経験がない。

「この髪型で、僕、彼女できますかね？」

スポーツ刈りを無造作に伸ばした感じで、髪にかまっていないことが見て取れた。

ハサミを持つ手に力が入る。僕は、彼女が欲しいという男の子を変身させるのが、何よりも好きなのだ。

「好きな子いるの？」

彼に尋ねてみた。

「いるにはいるんですけど……。人生で一回も付き合ったことないし、髪をセットしたこともないんです。僕、ずっと坊主みたいな短い髪型だったんですよ。こんなんじゃ、女の子にモテないと思って、伸ばしてきました」

僕のところには、自信がなくて、好きな子に告白できない男の子がよく来る。けれども、自信というものは、実は手を伸ばせば、すぐに届くところにある。いちばん、手が届くところ。それは髪の毛だ。髪型を変えれば人間は変わる。僕は彼の無造作ヘアを丁寧《ていねい》に切りそろえ、さわやかな印象に仕上げた。

「これが僕ですか？」

彼は顔を左右に動かしながら、自分の変わった姿を鏡で何度も確認した。

「今日から鏡の前にいる自分を目指してほしい。1日1回、髪をセットし、自分と向き合ってくれ。それだけで君は必ずかっこよくなれる」

「でも……」と僕の言葉にかぶせるようにつぶやいた。

「急に髪の毛をセットしたら、みんなに笑われそうです。やったこともないし。おまえ、何、かっこつけてんの？って」

不安そうな彼に、僕はこう尋ねた。

「君は、人間を、いちばん高く、速く、遠くへ運ぶ乗り物が何か知ってる？」

「分かりません」

首を横に振る彼に、僕はこう答えた。

「飛行機だ。飛行機は離陸する時に、向かい風じゃなきゃ飛び立てないんだ。雲を突き抜けて、何よりも高く飛んでいく飛行機の初動は、向かい風から始まる。

君がかっこよくなったり、何かに挑戦したりする時には、きっと周りから、からかわれたり、笑われたり、陰口を言われたり、いつでも向かい風から始まるだろう。

でも、その向かい風を越えると、突き抜けるような美しい景色が待っているから、風を抜けて挑戦してみたほうがいい。まず明日、好きな子に声をかけてごらん」

後日談だが、彼は翌朝、彼女に自分から勇気を出して声をかけた。

そして今、その女の子と付き合っているという。

僕から見たら、彼は最高にかっこいい男だ。

「挑戦の一歩めは、必ず向かい風から始まる。」

こうして僕たちは【ＧＯＡＬＤ】を立ち上げた

令和元年９月、僕たちの【ＧＯＡＬＤ】は産声を上げた。

ＧＯＡＬＤは美容業界を変えていき、美容師を通じて世の中に新たな文化を作りたいという信念を持っている。

ＧＯＡＬＤの社長である中村との出会いは前社までさかのぼる。

僕たちがいた美容室は業界でもかなり有名だ。テレビにも何度も取り上げられたし、全国から、「あそこで髪を切る」というのがステータスとなり、いつも予約でいっぱいだった。

そこに僕は何の不満もなかった。代表もスタッフもみんな尊敬していたし、お客様にも感謝している。しかし、少しだけずれがあった。ずれを感じたから、僕はすぐに辞めた。

僕は稼ぐことよりも、美容業界を通じて、新しい文化を作りたかった。お客様とともに成長していく、そんな美容師でありたい。

中村と僕の想いは同じだった。

だから、先に退社していた中村とともにＧＯＡＬＤを立ち上げることになったのは自然な流れだった。

ＧＯＡＬＤの立ち上げメンバーは13人。新規募集して、面接に面接を重ねて、僕たちの思いに賛同してくれるスタッフを採用した。

店内の装飾から壁、ロッカーまで全部手作業で設置した。目標に向かってまっすぐに走り、輝き続ける。

ＧＯＡＬとＧＯＬＤをあわせた造語で店名を【ＧＯＡＬＤ】にした。9月10日のオープンまでの時間がいちばん濃かったと思う。

そのあとはノンストップだった。あまりにも多忙すぎて、記憶が途切れ途切れの時もあるし、あまりの疲労でブーツのひもをほどきながら、そのまま玄関で寝落ちしてしまったこともある。

けれども、僕を待ってくれているお客様はたくさんいる。彼らの人生に待ったはない。いつでも目的に向かって走り出せるように、サポートしていきたい。

僕のスタートはまだ切られたばかりだ。

UNI
QLO
H.M
WE ARE GOALD

やるか、やらないかの物差しは、ただ一つ。トキメキがあるか、ないかだけ

人は心がときめいたものにしか動かないと僕は思っている。いくら好条件の仕事だって、心からワクワクして、やりたいと思わなければ、僕は選ばない。確かに仕事をえり好みなんかしていられない状況はあるかもしれない。けれど心が動かなければ長続きはしない。だから何をやるか、やらないかは、心がときめくか、ときめかないかで決めている。心がときめくまでは決して始めない。

グズグズしていると、誰かに先を越されてしまうのではないか、という不安が

あるのも分かる。実際、僕にも、「こうしよう」と温めていたアイデアを他の誰かに先を越されてしまったことも過去にはあった。

でも、僕がいつも思うのは、先を越されるのは問題ない。先とか後とか関係なくて、良いものを作れば大丈夫と思っている。「僕は僕」というスタンスが強いので、先にやられていようが、「まぁ、俺は俺だしな」と割り切っている。

僕がやりたいことを僕なりのトキメキと熱量と準備でやりきれば、必ずこれまでになかったものが生まれると信じている。人生や仕事は早い者勝ちじゃない。本気で人の心を衝《つ》き動《うご》かすものを作るには情熱の重量がないとダメだと思っている。だから、自分が持っている球が軽いうちは絶対に投げない。

軽いボールを投げ込んでも、受け取った相手にインパクトを与えることはできないからだ。投げるボールが重くないと、相手の心には届かない。

そのボールを重くするのがトキメキだ。心の中心から「この仕事が楽しい」と感じたら、さらにボールを磨き、手になじませて、どんどん質量の大きいボールにしていくことで、ずっしりと重く、響くものになる。**僕はこれまで心がときめ**

いたことしかやってこなかった。

例えば、オンラインサロンを会社の事業として始めようという話題が出てきた時、僕は最初トキメキを感じなかった。

社長から背中を押されても、「何となく熱量が出てこないな」という感じがあった。けれども自分の中で、いろいろ調べていくうちに、徐々にトキメキが生まれてきた。今ではかなりの熱量を感じているので、「これはいけるな」って、確信している。

たとえ社長からの提案でも、自分がトキメキを感じるまでは、始めてもうまくいかない。だから期待にも応えられないということ。**トキメキがなければ、やらないのがベストの選択だ。**

逆に、ときめく時は、最初からピンとくることがほとんどだ。

例えば、つい最近始めたＹｏｕＴｕｂｅチャンネル「ＭＡＫＥ ＭＡＰ」は、初めからフルスロットルでときめいた。

これは「全く新しい日本地図を作ろう」という意味で、自分の周りにいる素敵な人を、僕らと一緒に紹介しましょう、というコンセプトだ。

僕のお客様で、静岡でアパレルブランドを立ち上げた子がいる。

その事業を僕も一緒にやっている。

彼は何が素敵かって、Tシャツを一枚一枚、手作りで作り、アイロンをかけ、直筆の手紙を入れて送る。こんな手間のかかることを毎回やっている。

そんな彼の姿を見ていた時に、「こいつ、めっちゃかっこいいな」って、ときめいた。

「この子をどうしたら世の中に知ってもらえるんだろう」

そうずっと考えて思いついたのが、素敵な人をYouTubeで紹介する「MAKE MAP」という企画だ。

原点はトキメキだ。

トキメキこそが、自分を動かし、そしてその自分が誰かの心を震わせる。

「トキメキは、自分の『好き』にまっすぐにいる時だけ、生まれる。」

「やらない後悔」より「やる後悔」？
「やって後悔すること」は、そもそもありえない

「僕、ギタリストとして生きていけたらいいなと思っているんです」

ある日、担当して1年半になるお客様がそう口を開いた。彼は青森からわざわざ通ってきてくれている。僕がまだ、スタイリストとしてデビューしたての頃に、ツイッターで僕の存在を知り、「面白い人だ」と思って髪を切りに来てくれたという。以来、時間を見つけては通ってくれている。僕より2歳年下で、出会った頃は青森で会社勤めをしていた。

音楽の道で生きていきたいと口にしたのは、僕が「てかさ、上京しないの？」と尋ねたからだ。施術中のたわいのない話から、彼が音楽活動をしていたのは知っていたし、言動から「東京に来て音楽業界に入りたいのではないか」と感じていたからだ。

「東京来るの、楽しみにしているんだけど」

すると、彼はこう言った。

「本当は、東京に来て音楽活動したいんです。青森で会社勤めをしながら、活動はしていたんですけど、どっちつかずで結局、うまくいかなくて。でも、人を楽しませる仕事がしたいとは思っているから、音楽で生きていけたらいいなと」

夢に向かってまっすぐ進む道を、僕は全力で応援したいと思った。だけど、彼はこう続けた。

「でも、青森で、うまくいかなかったやつが、東京で勝負できるとは思えないし、それに親だって反対するだろうし」

僕は思わず、

「周りは関係ない、自分がどうしたいかだろう？」

と聞くと、彼は僕を見つめ、「そうですね」と悩みながら答えた。

後日、彼からメッセージが来た。

「自分はやっぱり音楽をやりたい。ギターとともに東京に行きたい」と、書いてあった。親に反対されていること、周りに「うまくいきっこない」と言われていること、そして精神的に病みかけていること。彼の苦悩が感じ取れた。

僕はあきらめてほしくなかった。せっかく音楽の道で生きていきたいという思いがあるのに、それを誰かの言葉でかき消されてほしくなかった。

「そう思うなら上京すればいいんじゃない。人は死ぬ気でやれば何でもできる」

僕はそう答えた。絶対にあきらめるな、やる前に断念するな。テレパシーのように、僕は彼に気持ちを送り続けた。

すると、彼は仕事の合間を縫って、僕のところに頻繁に相談しに来るようになった。僕はそのたびに、「自分が音楽の道でやっていけるんだ」という熱意を親に見せろ、とアドバイスした。彼は徐々に自分の中の情熱に光を見いだし、7年間勤めた会社を辞めて音楽の道に進むことを決意した。

「何とかして頑張ってみることにしました。やらないで後悔するより、やって後悔したほうがいいですからね」

と彼は言った。

僕はその言葉に違和感を覚えた。

「やらない後悔より、やる後悔」。この言葉を聞くたびに、僕はいつも「それは違うだろう」と猛烈に思ってしまう。

「何で、両方、ダメな前提で考えるの？」

はっきりそう答えた。

「それじゃあ、やってもやらなくても後悔するってことでしょ？　それおかしくない？　やらない後悔は分かるけど、やって後悔するって何？」

これを恋愛に置き換えて考えてみてほしい。好きな子がいて、その子がものすごくモテる子で、自分には高嶺の花で、〝これは無理だ〟って、思ったとする。

でも、相手に思いを伝えてみなきゃ、どうなるか分からないじゃないか。

もしかしたら、相手がフリーで、告白したらうまくいくことがあるかもしれないし、「彼氏がいて、ごめんなさい」となっても、ふんぎりがつくはずだ。やって後悔するということは、そもそもありえない。

どんな結果になっても、そこにあるのは「後悔」ではなく「納得」だ。

フラれて、「やっぱり告白なんてしなきゃよかった」って、その時は一瞬、思ってもいいけど、遅かれ早かれ必ず納得に変わる。

就活だって同じだろう。第一志望に落ちたからといって、次がないわけじゃない。むしろ、落ちたことで、自分に何が足りないのか、次、どうすれば希望通りに進めるか、方向性が見える。そこに後悔なんて存在しない。あるのは納得だ。

「やるなら後悔などせずに、納得するまでやればいい。挑戦してみて見える景色が無限にあるんだから」

僕はそう提示した。

「今の仕事を続けるか辞めるかは、自分で決めればいい。そして、音楽の道に進みたかったら、仕事をしながら通える音楽学校に行く、音楽業界にバイトで入る、いろいろと選択肢はある。ただ、音楽関係者は東京に集中しているから、まずは東京に来てみたらどうだ？」

彼ははっと気づいたように、

「そうですよね！」

と目を輝かせた。

親を説得し、東京に来るまで2年ほどかかったけれども、今は音楽の学校に通っている。髪は短くしてパーマにし、バイトをしながら、ギタリストを目指している。

自分が選んだ道を自分で決めて進む彼に、後悔など存在しない。

彼はギターとともに、日本武道館の真ん中に立つ。

僕はそう思っている。

「やって後悔することは、ありえない。
どんな結果になっても、そこにあるのは〝納得〟だけ。」

王者の椅子は、一度座れば十分。僕は即座に立ち上がる

美容界において、僕の美学に合わないものがある。それは「ナンバー１」という数字にとらわれすぎてしまうこと。

例えば、

「同店で３年連続、売上ナンバー１のスタイリスト○○」と謳《うた》い文句にあったとする。僕はそういうのが好きじゃない。

それも素晴らしい成功の形だと思うし、本当にすごいことだと思う。否定するわけではないけど、ただ僕は、それを望まない。

「いつまでもずっと同じところで、ナンバー1というポジションにしがみついているのは次のステージに行く勇気がないからじゃないか」

と、思うからだ。

売上1位を取ったら、次の年は後輩に譲ったほうがいい、と僕は思う。なぜならそれが僕と後輩の成長にもつながるからだ。

後輩が僕を追い抜いてくれると、

「ヨネさん、ここは俺に任《まか》せて、ヨネさんは次のステージに進んでください」

と、叱咤激励《しったげきれい》されているようで、心から頼もしく思う。

勝負の世界だってそうだろう。勝てるゲームにしか出続けないなんてありえない。地方大会で勝ったら国内、日本でチャンピオンになったら、世界に戦いを挑む。

これが勝負の世界だと思う。同じところでずっと勝ち続けていたって、進歩も成長もない。

僕は今の店で売上ナンバー1を取ったから、次のステージに挑戦している。そこでまたナンバー1をとったら、次はさらなる高みへと向かう。そうやって、人間はバージョンアップしていく。

自分が勝負を挑む場所では全力を尽くして勝ちを狙い、そこでトップを取れたら、後進に譲り、次へ行く。

自分が進むことで後輩の新たな道も作っていけるからだ。

「栄光への架け橋は、新しい挑戦からしか生まれない。」

出会いはいつも突然に。世の中は素敵な人であふれている

今から5年前になる。スタイリストになりたてだった僕は毎日、必死にカットの腕を磨いていた。

この頃の僕は、とにかく、がむしゃらだった。余裕なんて全然なくて、日々、全力を尽くすことで精一杯だった。

そんなある日、一人のお客様が来られた。

腕にはロレックス、そして心なしか……二日酔い気味。だけど、一つ一つの返答がハキハキしていて、歯切れがいい。

やばい人だ。

直感的にそう思った。やばい人というのは、〝危ない人〟という意味ではない。この人、まぎれもなく切れ者だ。つまりただモノではない。

お客様の名前は、佐々木成勲《せいくん》様といった。

武蔵小杉で「焼肉慶」を経営されている。

成勲さんの最初の印象は先の通り。とにかく二日酔いのお方。そしてその後もいつも二日酔いの状態で来られる。

だけど、来てくださる回数が重なるほど、いろんな深い話をさせてもらっている。気がつけばまぎれもなく僕のメンターだ。

前社にいる時に、僕は独立を考えていた。だけど、不安も多かった。そんな時に相談に乗ってくださったのが成勲さんだった。

銀行からのお金の借り方、固定費の計算、何もかもすべてだ。

かなり細かく僕は聞く。分からないことがあったら、とことんだ。だけど、成勲さんは嫌な顔ひとつせずに、何でも教えてくださる。そして決まって、こう言ってくださるのだ。

「米田さんなら大丈夫ですよ。会社っていうのはね、人ですから。米田さんは大丈夫ですね！」

成勲さんから、大丈夫と言われると、不思議と、大丈夫と思える。

新しいことに挑戦するのに、不安は付きものだ。それはきっとどんな成功者だって同じだと思う。新しい一歩を踏み出さなければ、何も生まれない。けれども、その一歩を踏み出すのに、不安が邪魔をして足を止める。そんな時に、背中を押してくれる人の存在が、どれだけ救いとなり、支えとなるだろうか。

なぜ、成勲さんのことを伝えたいか。それは、

「ひたむきに夢に向かって誠実でいれば、必ず応援してくれる人に出会う」

ということだ。それが僕にとっての成勲さんだった。

先日、会社で1周年記念パーティーをした。場所は成勲さんのお店。国産和牛を特製だれで味わいながら、僕たちはひたすら乾杯をした。みんなで「いろいろあったよなあ」と、濃い1年を振り返り、感極まってみんなで泣いた。ぐちゃぐちゃになって、ひたすら、込み上げる思いを口にした。

そんな時間を過ごせたのも、支え、応援し、背中を押してくれた人がいたからだ。大好きなGOALDの仲間と、大切なお客様の熱い思いが詰まった店に行って楽しむ。こんな幸せなことはない。

日々、夢に向かって誠実でいれば、こんな出会いもある。

それが美容師なのだ。

100人からの「いいね！」より、
1人からの「ありがとう！」に価値がある。

佐々木 成勲

校則改革プロジェクト、始動。困っているお客様が一人いれば、僕が動く理由は十分

僕は美容師という立場からこの世界の理不尽を変えたいと思っている。その最大のプロジェクトが校則改革だ。

僕が校則という問題に直面したのは6年前のこと。一人の男の子が、新幹線に乗って僕の元を訪ねてきた。地方の高校生だった。

「うち、校則が厳しくて、耳や襟足《えりあし》に髪の毛がかかったらダメなんですよ。だから、短めにしたいんですが、でもかっこよく仕上げてほしい。お願いできますか？」

と彼は言った。

いまだに校則でそんな縛りがあるのか。僕の母校は自由だったから、にわかには信じられなかったが、サイドを短めに切ったツーブロックスタイル。彼の学校の校則では何の問題もなかった。しかしその1週間後、彼から涙交じりの声で電話がかかってきた。

理由はこうだ。

「先生から切れと言われて、切らされました」

「はあ？」

思いがけない展開に怒りの炎が燃え始めた。彼はそれからさらに1週間がたって来店した。

目の前に現れたのはほぼ坊主に近いベリーショートスタイル。きれいに刈りそろえられたものではない。バリカンで無理やり刈られているのが分かった。

僕の中で怒りの炎が沸点を超えた。

「はあああああ？」

思わず、顔をゆがめて怒ったと思う。見た目を変えることでコンプレックスが改善されるのに、それすら自由に許されないなんて。

目の前で困っているお客様が一人いれば、動きだす理由は十分だ。僕は、すぐに行動に出た。彼が通っていた学校に問い合わせると、「部外者ですよね」と言われ、相手にされないどころか、怪しい者として見られた。

悔しい。どうにかしたい。インスタグラムで、その問題を発信し、【校則改革プロジェクト】として校則の理不尽さを訴えた。

ただ、1人の力では不十分。仲間が必要だ。政治家、弁護士、教育現場に立っている人たち。誰かと一緒に校則を変えていきたいと思っていた矢先に、議員の先生から声をかけていただいた。どうやら僕のSNSを見てくださり、想いに賛同してくださったらしい。

多くの大人の皆様が理不尽な校則、つまりブラック校則に対して、改善を求める活動をされている。

理不尽な校則の中には髪型に関するものが多く、さらに先生による理不尽な指導も多くある。

例えば、先生が一人の生徒に正座をさせ、自分で髪を切らせて、「よくやった」と言う。生徒は泣きながら、自分の髪にバリカンやハサミを入れる。こんなのいじめじゃないか。それを思うと、さらに怒りがわいてきた。

校則改革に賛同してくださる多くの方々と、今ある問題点を話し合わせてもらっている。ネクタイをしめ、スーツを着て、時には議会に足を運び、僕が知る実態の話もした。区長やＮＰＯ法人の方々とも話をさせていただいた。

ツーブロックの髪型をしている人が怖い、という意見もあったが、見た目にはさわやかだし、スポーツ選手の間でもよく見られる。

それがなぜ、ダメなのかが全く理論的にも証明されていないし、ツーブロックの人の犯罪率が高いなんていうデータがあるわけでもない。いたってごく普通の人たちがおしゃれを楽しんでいるに過ぎない。

他にも長髪、茶髪だからといって、不真面目なわけではなく、将来のことをきちんと考え、勉強だってしっかりしている若者もたくさんいる。おそらくほとんどがそうだろう。偏見でいろんな誤解を持つのはあまりにももったいない。

保護者の皆さんにも考えてもらいたい。

大事な子どもたちが、好きな髪型もできずに、校則という鎖に縛られて、時には昔の軍隊のような坊主頭をさせられている。

それを見て、放っておくのは違うのではないか。


一人の人間が声をあげることで、世の中の大きな問題までも、変えていくことができる。

この校則改革を通じてそれを証明するために、そして校則に悩み涙を流す子がいなくなるように、僕はこの改革を必ず成し遂げて見せる。

「校則改革、それは僕の人生史上、最大の挑戦。」

人生はプレステじゃない。だから、いつだってまだ見ぬ明日に挑戦できる

人間、誰もが明日のことなんて分からない。ゲームならこの先どう進むのか、シナリオがあるけれども、人生はどう転ぶか、見当もつかない。明日、どうなるかなんて、いくつになっても、正直、分からないだろう。

若ければ若いほど、まだ見えない明日に不安を抱く。特に夢もなく、自分が何をしたいかハッキリしないという人は、今後、自分がどうなっていくのか分からないという。ある大学1年生のお客様が、こう話してくれた。

「将来、まだ自分が何をしたいのか、よく分からない。だから不安で」

「明日がどうなるかなんて、俺だって分からないよ」

僕が答えると、

「だけど、これから何をしたらいいか分からないなんて、かっこ悪くないですか？　同い年には、将来のために、もうすでに動いているやつもいるのに」

と言ってため息をついた。

確かに若者の中には、社会貢献のためにボランティアに精を出したり、スポーツに熱中したり、スキルアップのために資格を取ったり、留学をしたり、なんてこともある。だけど、彼らだって先の見えない明日に不安を抱き、今を生きているはずだ。

「人生はプレステじゃないからね。ゲームのキャラなら、プレーヤーが操《あやつ》ってくれるし、決まったストーリーに沿って、進んでいくだけだ。

僕らの人生にはコントロールボタンも、シナリオもないし、ピンチの時に起死回生の必殺技がタイミングよく繰《く》り出《だ》されることもない。

それは僕らが誰にも操《あやつ》られていないという証拠だ。だからこそ、まだ見ぬ明日に挑戦できるし、やってみようと思えるんだ。

もし、誰かにコントロールされていたら、〝この先どうしよう？〟という不安はないかもしれないけど、そんな決められた人生、ちっとも面白くないだろう？」

君という人生をコントロールするのは君自身。間違ってもいい、うまく一歩進めなくてもいい。自分が動かしているという意識さえ持っていれば、人生は必ず面白く最高な日々へ向かっていく。

「君という人生を、コントロールするのは、君自身だ。」

「しょうがない」をなくせ。僕が全国の専門学校を巡る理由

「しょうがないな」が口ぐせになっているなら、それは今日から封じ込めてほしい。ため息をつくと、幸せが逃げていくというが、それと同じぐらい、ネガティブなパワーを持っていると思う。

しょうがないは、妥協であり、人の成長や進歩を妨げるからだ。

「東京出身じゃないからしょうがない」

「いい大学を出ていないからしょうがない」

「この会社はしょうがない」

「社長に言っても、聞いてもらえないからしょうがない」

しょうがないの数を積み重ねても、足かせを増やしていくだけだ。

しょうがないという言葉を、今すぐ、自分の辞書から消去してほしい。


僕が全国の美容専門学校を巡って講演するようになったのも、あるお客様から、「しょうがない」と言われたのがきっかけだ。

将来、僕と働きたいという思いを持った美容学生の男の子がいた。その子が、「おまえじゃ無理だよ」と周りから否定されていた。

「友達からそう言われるのは〝しょうがない〟し、親や教師にそう言ってくる人がいるのも〝しょうがない〟ですよね」

と、彼は僕にあきらめたように言った。

その時に、僕は思った。

「その子が悲観的になったり、悩んでしまったりするのも悪いわけではないけれど、それを〝しょうがないな〟って思ったら意味がない」

だから、「全国の専門学校を回ろう」と。

その理由は、

「周りの子が、そのように思うことは悪くないし、価値観を否定するわけでもないけど、いちいち人のことを言うべきではないし、言われた側も、そんなことで、夢をあきらめるんじゃない」

と、全国の学生に伝えたかったからだ。

だから直接、自分の足で訪問している。

誰もが、つい「しょうがない」と言ってしまう、その感覚を変えに行こうと思って、僕は全国を巡ろうと決意した。

きっかけとなった男の子がいた福岡県を含め、現在までに全国22の都道府県を回っている。

僕が講演をさせてもらったことで、その子が通っていた学校でも、学生同士、否定したり、バカにしたりすることが少しずつ無くなってきたと聞いている。

「しょうがない」というマインドを少しでもなくせたとしたら、とてもうれしい。

学校は毎年新入生が入ってきて、きっとまた同じことを思う子たちがいると思う。

だから僕は、これからも全国の専門学校を回り、そしてこの想いを届けていこうと思う。

まだまだこの挑戦は終わらない。

「諦《あきら》めるくらいなら、最初っから、やらなくていい。」

１００%負ける戦いに命を懸ける。この生き様が最高

僕は子どもの頃からプロレスが大好きだ。空いた時間は、プロレス・格闘技専門チャンネルで、常に試合、ニュースをチェック。国内外のどの団体の試合も見て、時には感動のあまり号泣する。もちろん時間さえあれば試合会場に足を運び、かぶりつくように戦いを観戦、選手たちの汗に心の炎を燃やす。

なぜ、あまたある格闘技の中でもプロレスに魅了されるのか。それはレスラーたちがプロレスというショーに全身全霊、命を懸けているからだ。

プロレスは戦いだ。それと同時にショーでもある。以前、プロレス関係者が書

いた書籍でプロレスは試合前から勝ち負けが決まっていることが明かされた（ミスター高橋『流血の魔術 最強の演技 すべてのプロレスはショーである』）。

つまりどちらかは戦いの前に必ず負けると分かって試合に臨む。

プロレスを見たことがある人なら分かるけれど、やられる選手はロープにぶつかってもわざわざ、敵である選手のところに戻っていくし、ロープからダイビングで技をしかけられると分かっているのに、寝転がったままでいる。これを僕は八百長とはいわない。なぜならレスラーは100％負ける戦いと分かっていても、そこに命を懸けるからだ。

例えばサッカーの国際試合なら、日本代表は格上であるブラジルと戦っても、当然、負けるとは思わず、〝自分たちは勝ちに行く！〟というマインドで行く。だけどプロレスは、〝今日は負ける！〟と思いながら、入場口に向かう。これは僕の中で人間の最高の形だと思っている。

負けることに全力を出せる人間がどれだけいるだろうか。なかなかいない。負けることに全力をかけることで、プロレスファンは、彼らの生き様に自分を投影する。負けることはかっこ悪いことじゃない。誰かの心を震わせることができるなら、全力で負けてみせる。その生き様があの四角いリングの上で表現される。プロレスはドラマであり、人生そのもの。プロレスを見ていると、負けることが怖くなくなる。

プロレスがあったから今の僕がある。プロレスは僕の身体の、僕の心の一部だ。

ちなみに余談だけれども、プロレス好きが高じて、一度だけレスラーとしてリングデビューしたことがある。それは共通の知り合いを通じて、試合前のレスラーのヘアメイクをするために呼ばれたのがきっかけである。あまりに僕がプロレス愛を語りすぎるものだから、その団体の代表に、

「何？　そんなにプロレス好きなら出ちゃう？」

と声をかけられて、なんとレスラー米田として参戦。嘘みたいな本当の話。

ほら、思い続けて口にして、行動すれば、夢は叶うでしょ。

「誰かの心を震わせることができるなら、
僕は全力で負けてみせる。」

今日という日の可能性は無限大

「今日という日の可能性は無限大」

これは僕がよくＳＮＳで発信している言葉だ。とても反響が大きいのだけど、正直に言うと、ある尊敬する方がおっしゃっていたフレーズを使わせてもらっている。

その方は、

テクノエイト株式会社　代表取締役社長　森武史様。

ＧＯＡＬＤで、シャンプーやトリートメントを買ってくださったことがある方なら分かるだろう。GOALDにもある、シャンプーやトリートメントのoggi otto の社長だ。

本にこういうことを書けば、取り扱っているから書いていると思われるかもしれない。

断言しよう。僕はoggi ottoのことを書くというよりも、森社長と出会ったことで変わった自分がいるからこの本でご紹介させていただこうと思った。

森さんと出会ったのはGOALDがオープンする直前だった。

GOALD社長の中村が、スタッフ全員と森さんとのランチを設定してくれたので、その時に初めてお会いすることができた。

初見の感想は、

〝往年のスーパースター〟

という言葉が本当に似合う方だった。

どんなに年齢を重ねても、熱く、そしてキラキラしている。そして計り知れないパワーを持っている、そんな方だ。

「oggi ottoの森です。よろしくね」

そう一言目におっしゃって、僕の手を両手で握ってくださったことを、今でもずっと覚えている。そしてその手が大きく、でも包み込むように柔らかかったことも。

僕は緊張しながら、

「店長の米田星慧です」

と、とにかくパワーに負けないように、森さんの目を思いっきり見つめて言った。

すると森さんが、

「いい顔というか、いい目をしてるね～」

と言ってくださった。

初対面の方にほめられて、こんなにもうれしくなったのは人生初めてだった。

それからランチをしながらoggi ottoの成り立ちや、中村との出会いなど、たくさんのお話をしていただいた。

そしておっしゃった。

「oggi ottoは僕が作った造語だ。そしてこの言葉の意味は、〝今日という日の可能性は無限大〟なんだよ。

朝、起きたら僕はいつでもワクワクする。毎日が楽しいし、寝てる暇なんてない。日々、最高なんだ。可能性は無限大に決まってる。それこそが人生の、生きることの面白さだ」

とおっしゃった。

僕はおおげさではなく、目頭が熱くなったのを覚えている。なぜなら言葉に嘘がなく、本心でおっしゃっていたからだ。その時に僕は思った。

「これが本当のかっこよさなんだ」って。

自分の生き方に嘘がなく、そして人生から得た経験や感性で、世界中にパワーを届ける、これこそが本当にかっこいい生き方である、ということを教えていただいた。

あの衝撃は今でも忘れられない。これは余談だが、それから先も何度か森さんとは会食し、たくさんの言葉を頂いた。

そんな中で森社長が、「僕が oggi otto です！」と力強く自己紹介する場面がある。あの瞬間は本当に痺れる。

あれこそが本当の男の、〝かっこいい〟だ。

これに尽きると思っている。

かっこいい大人。

かっこいい生き方。

それはきっと、まぎれもなく森社長だ。

次にお会いする時までに、もっと大きな男になろうと、いつも思わせてくださる。それもまた、「oggi otto 森武史社長」だ。

QUARTZ

第2章

セカンド・メッセージ「自信」

恋人が別れる理由は4つ。ガリガリ君とハーゲンダッツは同じ棚には並ばない

自分には、いったいどれだけの価値があるのだろう。

それを決めるのは自分ではなく、他人かもしれない。このレベルの人たちと付き合いたい、このレベルの会社に入って働きたいと思っていても、そのレベルに自分が追い付いていなければ、うまくいかないケースが出てくるだろう。

コンビニのアイスクリームコーナーを思い浮かべてほしい。70円のガリガリ君と300円近くするハーゲンダッツのアイスクリームは同じ棚には並ばない。同

じ価格帯のアイスがそれぞれに分けられて、陳列されている。これは、購入する人が分かりやすいように分類されているからだ。

70円のものと３００円のものが一緒に並んでいたらチグハグな印象を受ける。３００円のアイスを食べたい人は３００円の棚を見て欲しいアイスを探すだろうし、70円のアイスを食べたい人はそのコーナーを探す。世の中にはニーズにマッチしたものが必要とされ、それがうまくいかないとチグハグになってしまう。人間だって一緒だと思う。よく「彼女にフラれた」という相談を受けるが、その理由はシンプル。「同じ価格帯のアイスじゃなくなった」というだけだ。

自分が上がったか、下がったか、相手が上がったか下がったか。その４パターンしかない。この間も彼女に浮気をされて、別れ話をされたという大学生の男の子から、相談を受けた。

「彼女に浮気されて、マジ最悪っすよ。別れたほうがいいですかね？」

浮気されたのは気の毒だけど、やっぱり男としてその事実は受け止めなければならないだろうと思った。

「厳しいことを言うけど……」

と僕は前置きし、ガリガリ君とハーゲンダッツの話をした。

「世の中に、男女が別れる時の理由は4つしかない」

彼は食い入るように耳を傾けた。

「分かりやすくするために、仮に自分の価値が1万円だとしよう。付き合い始めた時は相手の価値も同じ1万円なのだけど、それが別れるということは、こういうことだ。相手の価値が1万円よりも上がったか、逆に1万よりも下がったか。あるいは、自分の価値が1万円よりも上がったか、逆に下がったか。必ずこの4パターンに当てはまると僕は思っている。

人は同じレベルの人と付き合わないと長続きしない。ガリガリ君とハーゲンダッツのアイスは、決して同じ棚には並ばないのと同じだ」

「それって、どうやって自分の価値を実感すればいいんですか？」

「それは、新しく付き合う人と会った時に、前の人よりもっと好きだなと思ったら、自分が上がった証拠だし、逆に忘れられないなら、前の恋で自分が下がったから別れている。だから〝浮気されて最悪〟って言うのは、相手を下げようとしていることになるから男らしくない。浮気した相手はもちろん悪いけど、自分の価値を上げればいいわけだ。そうしたら自分にぴったりの子が必ず現れるから」

人はつり合いのとれた同士で一緒にいるのがいちばん楽しい。背伸びしても、しゃがみっぱなしでもつらい。

ただ、身体の身長は努力だけでは変えられないけれども、**心の身長は気持ちひとつで変えられる。**自分の価値を上げるのは自分だ。価値が上がればそれだけのステージに上がることもでき、出会う人も変わってくる。逆に努力を怠り、人を恨めしく思い、嫉妬の塊になったらステージが下がってしまう。

就職活動も同じだろう。その企業が目指しているレベルや方向と、自分が合わなければうまくいかない。相手を変えられないんだったら、自分が変わればいいだけだ。

ちなみに、ガリガリ君はとてもおいしいし、僕は大好きだ。

コスパは最高（笑）。

「他人の選択に一喜一憂しなくていい。
自分の人生は自分自身が主役。」

わがままに、身勝手に生きていい。その先に、人を愛おしいと思うことができたら、それが愛だ

お客様からの相談事でいちばん多いのが、恋愛についてだ。不思議と男は恋をすると、変わる。よく、女性は恋をするときれいになるというが、あれは男にこそ当てはまる。

恋をすると、男は誰かを守ろうとする責任感が生まれ、身なり、発言が変わってくる。相手を思いやる気持ちが出てくるから、やさしさもあふれてくるのだ。

しかし、それは相手に求めるものではない。愛は見返りを求めた瞬間から、重

しとなってしまう。相手に、こうしてほしい、ああしてほしいと求めるのは自己中心のエゴだからだ。

人間は夫婦だろうが親子だろうが、相手を自分の意思だけで変えることはできない。もちろん、縛り付けて、無理やり言うことを聞かせることはできるだろうが、それは束縛で、愛じゃない。

じゃあ、僕の考える「愛って何だ」ってなった時に、こう定義した。

「自分のために時間もお金も使ってきた人が、出会いをきっかけに、この人のために、自分の時間もお金も使っていきたい」

と思える人に出会った時、その感情が〝愛〟だ。

身勝手に生きることを続けて、その先にその身勝手を捨ててでも、隣にいたいと思った人が、自分にとって大事な人だと思っている。

人は、誰かとともに生きる時、相手の歩調に合わせなくてはいけない時がある。

愛する人ができて、**その人が相手なら、多少のわがままや身勝手さを理解し、そ**

れを愛おしいと思うことができたら、それは愛だ。

ただ、それは自己犠牲ではない。あくまで自分を大切にしたうえで、相手のすべてを愛せる。それが僕にとっての最高の愛の形だ。

こんなことに気づいたのも、あるお客様と話した時だ。

彼は1年ほど同棲していた彼女を先輩に寝取られてしまったという。

「だせえっすよね？ 俺」

と言う彼は、全然ダサくなんかない。

ただ、彼女にとって彼は、自分の身勝手を我慢したいと思える相手ではなく、彼に抱いていた思いは、〝愛〟ではなかったのかもしれない。

だとするならば、そこにこだわるのはやめたほうがいい。僕は、彼にこうアドバイスした。

「いいじゃん、君はダサくないよ。相手が勝手に浮気しただけでしょ？ そんなの身勝手だし、はっきり言ってその子とはご縁がなかったんだと思う。

その子のために、自分をおとしめる必要はないよ。俺はダサくない、あいつらのほうがダサいんだって割り切って、君は君で身勝手に、新しい出会いを求めていけばいいと思う」

自分が卑屈になってしまうような愛にしがみつく必要はない。

自分勝手に生きて、そのうえで大切にしたいと思える相手とだけ、付き合っていけばいいんだ。

「周りから何を言われても、
君が心から好きになった人を愛せ。」

「楽しみに待ってて。15分後に、最高にかっこいい自分になってるから」

店に現れたそのお客様は静かに僕に頭を下げた。

「ご予約ありがとうございます」

と僕が言っても、黙ったまま頭を軽く下げるだけ。最初は「ん？」と思ったが、すぐに気がついた。

彼は耳が不自由なのだ。静かで優しい雰囲気を身にまとった学生だった。彼とのやりとりはスマホのメモ機能を使った。

≪お仕事していますか？　それとも学生さん？≫
≪学生です。来年、就職活動です≫
≪髪は長めに切ったほうがいい？　それともクールに短めがいい？≫

そう聞くと、彼はスマホを握り締め、しばらく考え込んだ。沈黙の時間が流れる。僕は少しだけ焦ってしまった。会話をポンポンはずませるなら、いくらでもあれこれ言えるのだけど、スマホのメモ機能で伝えたいことを打ち込むのは少々時間がかかるし、そもそもうまく伝えられているのか、不安になってしまった。

≪お任《まか》せします≫

彼はそう打ち込んできた。そしてこう続けた。

≪人生はじめての美容室なんです≫

人生初を僕に任《まか》せてくれるなんて。心底、光栄だ。

≪15分後に最高にかっこいい自分になってるから。楽しみにしてな≫

僕はそう自分のスマホのメモに打ち込んで、彼に見せた。ほっとしたような表情で、彼はうなずいた。

どうやら彼は耳が聞こえないことで、美容室に来ることを遠慮していたようだ。耳が聞こえず、会話がうまくいかないと、美容師に気を遣わせてしまう。それが嫌で、美容室に来づらいと考えていたそうだ。

美容室はおしゃれな人が来る場所。そう思い込んで、一歩が踏み出せないとしたら、もったいない。美容室はおしゃれな人が来るのではなく、おしゃれになりたい人が来る場所だからだ。

僕はカットに入る前、少し長めの文章を打ち込んだ。

≪君と何回、声を出して会話したか、そんなことは別に俺には重要じゃない。何回、会話するよりも何回、感動を生み出して、何回、感動と出会えるかが重要。君は耳が聞こえないことを気にしているかもしれないけれど、そんなことは俺は全く気にならない。君は君だ。**俺は目の前の君を今から過去一かっこよくする。だから楽しみに待っていてほしい**≫

そう見せると、彼は少し照れたような、目が少し潤んで赤くなったような、そんな表情を見せた。

彼が僕のところに来たのはツイッターを見てくれたからだそうだ。それまでハードルが高そうだった美容室も、僕なら受け入れてくれそうだと思ったと、彼は教えてくれた。その日はデートの前日だったらしい。自分に自信がなくて、どうにかして自信をつけたくて、僕のところに来て、ヘアチェンジをしようと考えてくれた。

これはうれしい。僕はこういう瞬間があるたびに、この仕事をしていて良かったと思う。僕を信じて来てくれた男子がピカピカに輝いていく。そんな瞬間を一つでも生み出せたら、こんなに幸せなことはない。

そう、このために僕は美容師として生きているんだ。

僕は、彼をツーブロックの男っぽい髪型に仕上げ、本気のデートに送り出した。

「美容師は髪に触れる仕事じゃない。
心に触れる仕事だ。」

「僕が、今、できることを、すべて彼女にしてあげたいんです。たとえフラれたとしても」

モテる。

これは男の永遠のロマンであり、夢だ。もちろん女の子だってモテたい気持ちはあるだろうが、僕は男なので、男のモテたい気持ちを誰よりも理解している。

モテるは、ナンパじゃない。むしろ自分に自信があって、何事にも責任を持てて、一人を深く愛せる男こそ、モテる。まあ、中にはかっこよくなって、二股、三股と複数の女の子を股にかける男も、いるにはいるけれど。

だけど、引く手あまたの男は同性から見ても惹《ひ》かれる。決してイケメン俳優やモデルのような容姿でなくても、内側から輝くものがあるのだ。

彼らは持って生まれたビジュアルで勝負しているのではない。ビジュアルは磨かれて、洗練されていくものだ。

僕のお客様で絵に描いたような変身を遂げた人がいる。

彼は最初来た時、全く身なりに気を配らない男子だった。大学に入りたてで、髪型は坊主が伸びかけた感じ。眉毛も無造作で、ひげのそり残しも目立っていた。猫背で、縮こまったように座って、何を聞いても、「はあい」と小さな声でしか返事をしない。

「短くしたい？　それとも伸ばしたい？」

「うーん、分かんないです」

要望がなくて、最初は正直、「大丈夫かな？　難しい子来たなあ」と思っていた。

だけど、僕のところに来てくれた以上、変わってほしい。僕は短く切りそろえ、まずはワックスを毎日つけるように言った。

「ワックス？　つけたことないかもしれないっす」

鏡の前の自分が少し変わったことを意識したのか。来た時よりも、声のトーンが明るくなったような気がした。

「いい？　ワックスっていうのはこれだ。コンビニでもドラッグストアでも売っているし、高いものじゃない。メンズ用のものがあるから、それを少量、手に取って、髪にもみこむようにしてつける。とにかく毎日、1日1回は髪を整えることを意識すること。髪に触れて、鏡を見ること。ＯＫ？」

「は〜い」

これをきっかけに変わってくれるだろうか。僕は祈るような思いで店を後にする彼の背中を見守った。

ただ、なぜか変わるという確信はあった。

それから1カ月後。彼は来た。前のカットに満足してくれたのだろうか。良かった、と胸をなでおろし、再び彼の髪に触れた。ワックスの感触はあるものの、かっちりとは決まっていない。おそらくレディースものをつけているのだろう。ワックスをつけてくれていることは良かった。だけど、彼の髪質は硬くて、くせも強い。だからレディース用だと、しっかりとスタイリングできない。

「これってレディース用のワックス使ってる？」

「はい。家に女物しかなくて」

「ワックスを使ってくれてありがとう。だけど、君の髪質にはハードなメンズ用がいい。小さいのがコンビニでも売っているから、それを今日、買って帰ってほしい」

少し伸びた髪を整え、ワックスでスタイリングした。

「おおお、やっぱりプロがやると違う」

「まずはこれを目指していこう。この姿を覚えておくこと。ワックスをつけて髪を持ち上げるだけでいいから」

「分かりました」

最初来た時よりも、はっきりと言うようになった。少しずつ彼の中で何かが変わっていくのを感じた。

大きく変化を遂げたのは3回めからだ。2回めを切ってから1カ月後、スタイリングを覚えたらしく、髪を整えていた。ひげもきれいにそられていた。

「今日はどうする?」

「あの、髪、伸ばしたいんです。あと色も染めたい」

「おおっ」と心の中で叫んだ。ようやく意思表示をしてくれたのだ。髪を明るくして、くせを生かしたカットにして……。僕もワクワクしてきた。彼はそこから大きく変化していった。

そのお客様を担当して2年。今ではすっかりさわやかで明るいキャラクターになった。彼女もでき、びっくりするほどモテるようになったらしい。

成人式で久しぶりに中学の同級生に会ったら、彼があまりに素敵になっていたので、何人かに言い寄られたという話もしていた。複数の女の子から好意を持たれるようになり、戸惑うこともあるようだけど、なかなか楽しくやっているようだ。

そんな彼だけど、実は、僕のところに来るまで、女の子とまともに話したことがなかったらしい。

最近、こんな話をしてくれた。彼女の誕生日にディズニーリゾートで遊んで、ホテルも予約して、15万円もするようなプレゼントも用意したという。

「それ、おまえ、ちょっと高すぎだろ？　まだ学生なんだから」

僕が笑いながら、突っ込むと、彼は真剣な顔でこう答えた。

「僕が今、できることを彼女にすべてしてあげたいんです。それでフラれてもいいんです」

見た目は変わったけれども、中身はまっすぐな子だ。彼はこう続けた。

「僕、もともと、人に興味を持つことができなかったんです。だから、誰ともうまく付き合うことができなかった。もちろん友達もいなかった。

だけど米田さんは違った。何も答えられない僕に、向き合ってくれた。うまく話ができない自分をバカにすることなく、全力で向き合ってくれました。僕、それがうれしくて……誰かと心を通わせることがこんなに幸せなことなんだと、初めて知りました」

言葉を詰まらせていた。

「そうか、そうだったのか。人に興味を持ってくれるようになったのか。人との関わりがこんなにも楽しいことを知ってくれたのか。ありがとう、ありがとう」と、僕は心の中で想いをかみしめた。

「それと、自分に彼女ができるなんて想像もしてなかったんですよ。だけど米田さんのところに来て、毎回、米田さんにカットしてもらって、そのたび、自分が変わっていくのが分かった。それはすごいことだと思いました」

目を輝かせ、ちょっとだけモテすぎる自慢エピソードを披露する。猫背で自信がなく、声も小さかった彼はいない。胸を張って堂々と生きている。

その姿が最高にかっこいいと僕は思う。

「君が少し変われば、君の見える世界はもっと変わる。」

「教育」とは、その子が踏み出せる一歩先を照らし続けること

僕のお客様には中学校の先生がいる。学生時代から僕のところに通ってきていて、もう5年になる。初めて会った時から、教師になる夢を語っていた。中学生は複雑で、いじめの問題などいろいろとあるけれど、子どもたちの味方でいたい、子どもたちに寄り添っていたい、そんな教師でいたい。ずっと僕にそんなことを言っていたし、僕も、こんな先生がいたら、学校はさぞかし楽しいだろうなと思いながら、彼の夢に耳を傾けていた。

2年前、晴れて教師になる夢を叶えた。

「米田さん、僕が先生ですよ。何だかまだ実感がわきません」

目を輝かせて、初めて赴任先の学校へ行った時の話、教師になって初めての授業で、教室に入る前に、深呼吸をしながらも、夢を叶えた喜びに心を震わせた話などをたくさんしてくれた。僕は担当するお客様がキラキラする瞬間が大好きだ。夢を叶え、そのビジョンを語る姿は何にもまして素敵だ。彼は学生時代以上に身なりに気を配り、毎日ひげをそって、肌の手入れもし、髪を整えていた。

しかし教師になって1年がたった頃、彼は元気のない顔をして店にやってきた。いつもはワックスできれいに整えている髪も少し乱れ、ひげも伸びていた。

席に着き、彼は大きなため息をついた。

「夢って、現実になるときついですね」

原因は教師という仕事だった。彼は夢を叶えるべく、学生時代から人一倍、勉強に励んでいた。人は大きくジャンプして、夢をつかんだ時ほど、小さな石ころに転びやすい。努力した人ほど、小さな障害物をキャッチしてしまい、転んで立ち上がれなくなってしまうことだってある。

「学校で何かあった？」

僕は聞いてみた。

「今年、初めて担任を任《まか》されたんです」

「それって、責任ある仕事を任《まか》されたってことでしょ？　すごいじゃん」

「だけど、教師って思ったよりも、何ていうか……。意外と面白くないっていうか……。理想と現実は違いますね」

理想と現実が違う。それはどの世界でもあることだ。外から見たキラキラした世界に自分がいざ飛び込んでみたら、その輝きの中には地味で暗い場所もある。

「学校が楽しくないって言う子がいて。そういう子に、学校っていいところだって、知ってほしいんですけど、何を言っても空回りなんです。もっといいこと、たくさん言ってあげられるはずなのに。まだ、自分が若いからですかね。米田さんなら、こういう場合、どうしますか？」

そう言って彼は肩を落とした。いいことばかりじゃない。それは当然だ。僕だって何度も理想に隠れる〝現実〟という小さな石につまずいて、たくさんのかさぶたを作ってきた。夢にはかさぶたがつきものだ。

「そもそも、学校が楽しくないっていう子に、無理やり学校を好きになってもらおうって、生徒に求めすぎなんじゃないか？」

僕は素直に思ったことを告げた。

「どういうことですか？」

「だって、そうでしょ。そもそも、学校がみんなにとって楽しい場所って誰が決めた？　学校が楽しいと感じるかどうかは人それぞれだし、どう思うかは、その子の自由だよ。『楽しくない』と感じている事実を否定しないで受け入れることが大事なんじゃないか？」

ただ、僕はその先のことは言葉を選んだ。教師は、その子にとって良い方向へ進むようにナビゲートする責任はある。間違った道に行きそうになったら、そこから引き戻し、時には憎まれ役になって、子どもたちを安全な社会へと導かなければならない。

だけど、そこに決まったプロセスがない。僕は彼にこう告げた。

「先生って、けっこう大変なんだな。思ったことバシバシ言っちゃえばいいじゃん。別に〝いい先生〟じゃなくてもいいんじゃない？」

教師と生徒だって人間同士の付き合いだ。そこに完璧を求めたら、息苦しくなるだけ。

「だけど、そこで足踏みしてしまわないように、一歩先だけを照らせばいいんじゃないか。その子は学校が好きじゃなくても、他に居場所があるかもしれない。それならばその居場所を認めて、その子が踏み出そうとしている一歩先だけを照らし、安心して進めるようにしてあげれば、それだけでいい教師だと思うけどね」

彼は、「そうですね」と答えていたが、正直、その答えが本当に正しいのかは、分からない。だけど、楽しいことを教師が決めつけてしまったら、その子が楽しむ自由がなくなってしまう。

求めすぎると愛は重くなる

僕は彼の置かれている状況を自分に置き換えてみた。後輩や部下を育成するとなった時に自分はどう考えるだろうか。会社は学校とは違うけれども、人を育てるという点では共通している。だからこそ、後輩にどう接するか改めて考えてみた。

僕たちの業界にもよくある。

アシスタントにこうなってほしいという理想を押しつけてしまうパターン。だけど僕は、「それは重いだろう。そもそもアシスタントは自分の思い通りになんてならないし」と思ってしまう。

時々、美容師仲間から、「自分が店を異動で離れることになって、後輩たち大丈夫かな」、みたいなことを相談されることがあるけど、「後輩思いだな」って思う反面、「新しい人が来たら、その人を慕うから心配いらないよ」と、きっぱり返している。

「教えなきゃ」、「伝えなきゃ」というのは、自分の身勝手。

自分はおまえにこれだけのことをしているから、おまえもこうなってほしいなんて、片思いの相手に高いものを勝手に貢ぐ行為と大差はない。

相手がそれを望んでいない以上、何も響かないどころか、負担になってしまう。

お客様と自分との関係だってそうだ。

僕はその人を最高に輝かせるために、心血を注ぐけど、あとの判断をするのはお客様だ。

だから、施術が終わったあと、「また来てください」や、「もう一回来てくださ い」とは、一度も言ったことがない。「また来たい」「もう一度、足を運びたい」と思うかどうかは、お客様の判断だからだ。僕が思うのは、こうだ。

「また、この人に会いたい」

そう思って接していて、また来てくれたらうれしいし、来なかったとしても、お客様が決めたことに僕がどうこう言うことじゃない。

教育にしても、接客サービスにしても同じことがいえると思う。

自分は最善を尽くしたうえで、決して相手には見返りを求めない。僕はそう思って後輩にもお客様にも接している。

「相手に求めるな。自らの進化を求めろ。」

本当のモテ男と、偽物のモテ男を一発で見分ける方法

世の中には偽物のモテ男が存在する。

最近、それを一発で見分けられるようになった。

「この間、あのモデル抱いてさあ」

と、いい女を抱いたアピールをするやつ。これはニセのモテ男だ。

「だっせー男」って僕は思う。その女性を本気で愛しているならともかく、自分の地位を底上げするために、モデルや女優などと付き合って、「抱いた」と人に言いふらすのは、男の履歴書を安っぽくする行為。女性たちに失礼だし、そうい

う男たちの顔は、いくら顔が整っていても、ちっともかっこよくない。自分をよく見せるためだけに、ブランド品をやたら身に着けるやつも同様。

「ロレックスなんか買えるよ」って言う男と、「モデル抱いた」を自慢してくるのはニセのモテ男。

ロレックスが欲しくて、ロレックスに見合う男になるように努力する、モデルの子を好きになって、彼女と付き合うために自分を磨く、これが本物だと思う。

ニセのモテ男の特徴は他者を否定していることだ。人や物に対してもリスペクトがない。女性もブランド品も、自分を着飾るだけの道具としてしか見ていない。

本人やそこにかけてきた人たちの思いを完全に軽く扱っている。

もしも、自分の家族や大切な人が、その男の自尊心を保つためだけに、付き合わされているとしたら、どう思う？　僕なら、「ふざけんなよ」って軽蔑する。

実際にこういうことがあった。ある経営者様がいいものを身に着け、身なりはしっかりしているのだけど、口にすることが浮薄だった。会食の席で、誰もが知っているような女性芸能人と付き合った話を得意げにされた。

「あの子はこうでさあ」

にじみ出る「俺、こんないい女と付き合えてすげえだろ？」という自慢オーラがつくづく嫌になった。

思わず、「マジ、それかっこよくないですよ」と言ってしまった。嫌われる覚悟だ。だけど、付き合った女自慢を口にする彼は、いくら身だしなみを整えていても、汚れたオーラを身にまとっていた。もし自分が女性なら、こんな男とは絶対に付き合いたくない。そう思った。

「え？」

戸惑う彼に僕はこう続けた。

「だって、そうじゃないですか。僕は付き合う彼女のことを、世界一かわいい、素敵だって自慢する男こそがかっこいいと思うんです。

僕はそうですよ。今、付き合っている彼女のことを世界一だと思っているし、尊敬している。自分が頑張ったからこそ、そのご褒美として、そんな素敵な女性と付き合うことができたんだと思っていますもん。

〝こんな女と付き合える俺、すげえ〟じゃなくて、自分が頑張ったからこそ、こんな素敵な女の子と付き合えるんだ。そう思えるほうがかっこいいです」

住宅物件だって同じことがいえるだろう。「俺、こんな一等地に住めてすげえ」、ではなくて、「俺、ここまで頑張ったから、その結果としてこんな一等地に住むことができるんだ」。

そういう人や何かに感謝できる人間は男女関係なくモテる。これは間違いない。

「そうだね。星慧、それかっこいいね」

社長は、そう言って無邪気に笑っていた。

モテを勘違いするな。モテは付き合った女性の数じゃない。女性たちを尊敬できるかどうかだ。その尊敬の気持ちが強いほど、男はモテる。

「本当のモテ男とは、女性に敬意を持っている男のこと。」

僕が思う、いちばん簡単な自信のつけ方

「この人、自信がなさそうに見えるな……」と思う人の共通点。

それは自分を認め、ほめることをしない人だ。僕はナルシストは嫌いじゃない。もちろん、変なプライドを持って相手を見下すようなやつは好きじゃないが、「俺、イケてる」と思って、かっこつけるのは必要だと思っている。そのためには鏡を毎日、見る必要がある。

そして、「美しい」「かっこいい」「素敵だ」というポジティブな言葉を自分にもかけていくことが大事だ。

それと同時に一つでも多く、自分をほめる。これは絶対に重要。自分で自分を

ほめないと、どんどんダウンな方向に向かっていき、そのマインドは見た目にも表れてくる。だから、それを回避するためにも、小さなことでも、積極的に自分を認め、ほめる。自分がやったことには間違いない。仮に失敗したとしても、そこにフォーカスするのでなく、大難が小難で済んだことをほめる。

「危なかったけど、とっさの判断で、ダメージはこれだけで済んだ。ナイスフォロー」

みたいな感じで、とにかく自分を認める。人はつい、できなかったことばかりに注目しがちだが、「今日はこれができなかった」「あれがダメだった」と、できなかったことを数えるよりも、できたことを数える。

ポイントは、どんなに小さいことでもかまわないということ。

数を積み重ねることが重要なのだ。

例えば、仕事が忙しくて今日はジムには行けなかったけど、その代わりに風呂に入って、そのあとストレッチをした。

「こんな中でも体を鍛えようとした俺、偉い」

「忙しい仕事を終えて、〝今日も疲れた〟という気持ちで終えず、この忙しいのをよく乗り越えたな俺」

と、自分をほめる。

そう考えれば、朝起きてから夜寝るまでに、自分をほめる要素なんていくらでもある。

それが自信となって積み重なっていき、少々のことではへこたれなくなる。

いや、へこたれたっていいんだよ。それが自分のやさしさや繊細さだと認めれば。否定することばかりを積み重ねるよりもはるかにいい。自分を肯定する言葉の積み重ねは自分を守ってくれる。それが多ければ多いほど、その盾は立派になっていく。

そういうマインドで暮らしていると、年を取るほど小さな自信が積み重なり、自分の人生そのものに自信を持てるようになるんだ。

つまり僕は自分の人生が大好きだ。

「どんな小さなことでも自分をほめ続ければ、
人生そのものに自信が持てるようになる。」

僕に切らせてくれたら、究極にモテるよ

「僕に、髪を切らせてくれたら、究極にモテるようになるよ」って、みんなに言っている。

人間って不思議で、ちょっと髪の毛を切っただけで、ちょっとだけ自信が持てるようになる。自分にコンプレックスを抱えていて、どちらかといえば、見た目にも自信がない子のほうが多いかもしれない。

僕に出会って「人生変わった」とか、「モテるようになった」って言ってくれる男子は何人もいる。逆にモテすぎて、(これはあまり良くないケースだけど)一度も女の子と付き合ったことのない子が、いきなり五股をかけている……なん

てこともある。くれぐれも真似はしないでほしい（笑）。

その子がなりたい髪型に切って、「あれ、いい感じじゃん」と周りから言われるようになると、マインドが上がっていく。それが自信にもつながっていくのだと思う。

僕のところに髪を切りに来る子は、就職活動もうまくいく。80％以上が、1社めで内定をもらっている。もう少し自分の希望に合うところを探したいと、引き続き、就活する人はいるけれど、たいていは志望する企業に入社している。全社内定なんていうお客様もある。


僕は、就活中のお客様には「この間の面接どうだった？」とは聞かずに、ちょっと変わった聞き方をする。ナーバスになっているから、少しでも楽しんでもらうためだ。

「カット？　パーマ？　どっちにする」

と尋ねて、

「パーマで」

と自信たっぷりに返したら、「いえーい」とハイタッチ。

「うまくいったんだ」

「はい。不思議と他のやつに負ける気がしないっていうか。米田さんのおかげっすよ」

こう言ってもらえると心底うれしくなる。就活の最中は髪型を整えることが多いから、パーマやカラーを希望されると、「うまくいったんだな」というのが分かる。

もちろん、就活だからといって、決め決めのヘアには仕上げない。「この子はおでこを出すのが好きじゃないんだろうな」と思ったら、前髪厚めにカットする。なぜなら、一世一代の勝負で、髪の毛が気になってしまい、面接に集中できず、能力が発揮できなかったらきっと後悔してしまうから。

就職がうまくいく子はたいてい当日か前日に、髪をカットし、セットしに来る。彼らにとってもっとも大切なのは清潔感だ。清潔感＝好感度といってもいい。いくらビシッとしたスーツで決めていても、髪の毛がきちんと整えられていなかったら、せっかくの魅力も半減だ。僕はカットをして、スタイリングをしながら言い聞かせる。

「おし。これでおまえは誰にも負けない」

鏡の前のお客様はその一言で、きりっとした表情になる。戦闘モードは十分。ワックスで髪を整えることはアベンジャーズでいえば、それぞれのヒーローが戦闘時に身にまとうパワードスーツのようなもの。戦い終わったら、そのスーツは脱いで、違う自分になればいい。

僕が僕でいることに、他人の理解は1ミリもいらない

専門学校時代の僕は何を言っても周りから理解されなかった。

何か意見しようものなら、「出たー！　米田のまとめたがりー」と一蹴されて、無視されることがほとんどだった。それはこの業界に入ってからも何度かあったし、業界に風穴を開けたくて、あれこれ改革をしようとしても、周りの理解が得られることのほうが少なかった。

けれども、いきなり理解されることは難しいし、むしろ理解されなくても、一つのことを貫き通そうとするほうが誇りに思えるのだ。

僕の常連のお客様にも、理解されないことに卑屈にならず、それをバネに成功をつかんでいる人がいる。彼はまだ大学生。二十歳そこそこの若者だ。

彼は高校生の頃から、僕のところにカットに来てくれているが、年上の僕から見ても、そのガッツに惚れ惚れする。知り合った当初から、起業したいと話していた。僕は若い人の起業は大賛成だ。彼らはただ、「社長になりたい」「トップになりたい」と思っているのではなく、この社会を変えていきたい、よりよくしていきたいという気持ちを持っているからだ。

彼は高校生の頃から起業したいと言っていても、周りから全く理解されなかった。それどころか、変わっていると色眼鏡で見られていたそうだ。

その理由は、男性でありながら、コスメのブログ記事を書いていたからだ。

「どんなのを書いているの？」

と聞くと、

「夏に使い心地の良いファンデーションの記事」

と、まるで女の子が書くようなブログで、ＰＶ１位を取っているという。

「すごいじゃん、おまえ」

心の底から尊敬した。彼は一般的な男性だ。女装している訳でもないし、トランスジェンダーでもない。けれども、女性が使うコスメの使い心地などを研究し、どれだけ持ちがいいか、発色のよさ、値段などを、女性の友人たちにもリサーチし、その話をまとめてブログ記事にしているという。

付き合いが長くなっていくうちに、彼はさまざまな取り組みをしていることを知った。大学祭で実行委員会の委員長を務め、一人で何十社もの企業から協賛をもらい、有名なヒップホップアーティストを呼んで、学祭を大いに盛り上げたこと。すでに大学生でその手腕を買われて、大手ソーシャルメディアの企業からブログ配信の仕事を任されているなど、かなりのやり手だ。

そんな彼でも、１００％の自信を持つことがないという。

「自信がない時は、俺、いつもヨネさんのところに来るんです」

と言って、つい２週間前に髪の毛を切ったばかりでも、自分を見失いそうになると、僕のところにやってくる。

「うまくいっていると思っても、本当にこれでいいのかなと思う時がある。他の人に話しても、〝そうなんだ〟と、ただ相槌を打たれるだけだったり、〝大丈夫だよ〟と言ってくれることもあるけど、何だかそれって、適当に返されているだけみたいで……。

だけど、米田さんは、〝自分の個を大事にしろ。**正しいと思うことをするのに、誰かの許可なんて1ミリもいらない。**誰も理解してくれなくても、おまえは自分の信念を貫き通してきた。だからかっこいい〟と言ってくれる。だから、俺は少しだけ立ち止まって、自分の気持ちを整理するために、ここに来るんです」

迷っている時は僕のところに来て、決まって、こんなことを言ってくれる。

僕は当たり前のことを言っているだけなのだけれども、それでも、こうやって僕の言葉に力を得て、前に進んでくれていることがうれしい。

彼は今、大手のコスメ口コミサイトを運営する企業に就職が決まった。

「より良いものを作りたいなら、誰が何をどう作ってもいいと思う。僕はこれから女性が楽しくなるようなコンテンツを作っていきますよー」

そう話す彼の目はキラキラと輝いている。その輝きがきっと、また誰かをキラキラさせるに違いない。

周りから理解されずとも、まっすぐに生きているといえば、もう1人、話しておきたい女の子がいる。彼女は静岡在住で、今、僕と一緒に働くために、必死に美容専門学校で勉強している。ごく普通の頑張り屋さんの女の子だ。彼女がすごいのは偏差値70以上もあるような国立大学の法学部に在籍していること。もともと、両親の仕事の関係で、弁護士を目指し、大学も国立大学の法学部に進学した。成績優秀、周りにだって、弁護士になることは間違いなしと太鼓判を押されるほどだった。

しかし彼女が小さい頃からなりたかったのは、美容師。その夢をずっと持ち続けていたけれど、周りから、「弁護士になりなさい」と言われて、自分は弁護士になるものだと思っていたそうだ。

彼女と僕が初めて会ったのは前の会社にいた数年前。静岡で行った講演会に参加してくれた時だ。講演中に、真剣に話を聞きながら、メモを取ったり、僕の言うことによく、うなずいたりしてくれる子がいるなと、印象に残っていた。講演会後、参加者と一緒に写真を撮るのだが、この時にも他の子と空気が違っていた。というより、目の奥に燃える炎のようなものを感じた。

それからしばらくして、改めて僕の元を訪ねてきた。聞いてみると、講演を聞いて、どうしても美容師になりたいと思ったという。

「親からは弁護士になれと言われて、自分もそうしたほうがいいと思って勉強してきましたが、本当の意思とは違う。私は米田さんの姿を見て、人を髪型から変えていきたいと思いました」

そしてこう続けた。

「弁護士を目指すために法学部まで入って、途中で美容師になりたいなんて、もったいないとか、美容師なんて、はぐれものがやる仕事なんだからやめろとか友達にも言われました。親からは、別に東京に行かなくてもいいじゃないか、とか。

でも、私は米田さんの元で働きたい。だから私は中途半端なことはやらないで、きちんと今の大学に通いながら、同時に美容師専門学校にも通い、勉強して、この採用試験を受けに来ます。自分で決めたことに他人の理解はいりません」

そう言い切った彼女の夢を誰が止めることができようか。

彼女は今、大学も専門学校もトップの成績だ。

きっと彼女のような人材はどこのサロンも求める。

一緒に働くことが楽しみになるような人材になるために必要なのは、他人の理解を求めず、自分の意志を貫き通すことだ。

僕自身、これまで誰にも理解されない不遇の時も、ずっと米田星慧で生きてきた。**僕が僕でいることに他人の理解はいらない、**と思っていた。それはこれからも変わらない。変わらずに米田星慧として生きていく。

「誰かの価値観の中で生きるな。
自分の人生の選択に間違いはない。」

その人を最も輝かせられるかどうかは、いちばんかっこいい瞬間を知っているかどうか

プロレスをこよなく愛する僕は、幸せなことにレスラーのカットもさせてもらっている。

僕はたくさんの会場に足を運んでいるので、会場の構造やライティングがどうなっているか頭に入っている。いわゆるガチのプロレスオタだ（笑）。レスラーから、「明日試合です」と告げられたら、かなり細かくヒアリングする。

「明日、どこで試合ですか？」

「後楽園ホール」

「入場するのは西側？　東側？」

「西側」

「だったら、観客は左サイドにいますよね。じゃあ、左サイドから見て、かっこよく映えるように、左側の髪の毛は少し残しましょう。

もうちょっといいですか？　次にどっちサイドのポストに立ちます？

横側ですね。じゃあ、その時に上向きます？　下向きます？　上向き？　じゃあ、前髪は長めにカットしましょう。後楽園ホールの照明は黄色だから、カラーはこんな感じで……」

ここまで書くと、かなりマニア……と思われるかもしれないが、これは、あくまで一例。

プロレスラーに限らず、僕は他のお客様にもこれぐらいかなり細かくヒアリングする。

最高にかっこよくなれる瞬間はレスラーだけじゃない、この本を読んでいる皆さんにも必ずあるはずだ。

それを美容師とともに探してほしいと思う。

彼女と初デートするなら横顔が大事、なぜなら彼女はいつでも横に立つからだ。スポーツをするなら前髪を上げたほうがいい。日常のささいな瞬間にこそ、自分がかっこよく輝ける瞬間があるのだから、僕たち美容師にその思いを託してほしい。

そうすればきっと、君がかっこいい時間は、もっともっと長くなる。

「かっこよくなりたい、それは恥ずかしいことじゃない。」

好きなものは、声に出して好きと言おう。そうすれば、素晴らしい仲間に出会える

大好きなものをひたすら一途にまっすぐ愛し続けていると、想像もできないようなことが起きる。２年前の５月、ある肌寒い日のことだった。

いつもと同じように営業をしていると、店の扉が開き、そこには背が高くて、グレースーツにストライプのシャツを着た黒縁メガネの男性の姿があった。カルテに書かれた生年月日を見ると僕よりも３歳年上。最初から、何だか人を引き付けるオーラを放っていた。

席に案内すると、

「よろしくお願いいたします」

と、彼は軽く頭を下げた。

腰が低くて、言葉遣いも丁寧《ていねい》だ。きっとただモノではない。

「ちょっといいですか？　お仕事は何をされていますか？」

僕はいつも通りにカウンセリングをした。

「フィギュアの販売をオンラインでやったり、ウェブデザインとか、映像制作とか、クリエイティブなことをする会社を経営しております」

「社長さんですか？」

「はい、一応、そんな感じです」

カジュアルなスタイルで、顔立ちは童顔ではあるが、風格があるのは責任ある立場だからか。僕は内心、彼のことがすごく気になった。

「かっこいいですね。僕、起業している人って尊敬しているんです。自分のやりたいことにまっすぐっていうのが伝わってきて、本当にかっこいいです」

僕の言葉にも熱がこもる。すると彼はにっこりと笑って、こう尋ねてきた。

「米田さんって、プロレスがお好きなんですよね？」

〝え？　何で知っているの？〟と内心、驚いた。僕のことをそこまで知ってくれているとは……。

もちろん、僕はプロレスを全身全霊で愛しているし、即座に、

「そりゃあ、もう、日本一プロレス好きで、くわしい美容師です」

と答えた。すると彼は、

「ＷＷＦ時代の試合知ってます？」

と返してきた。これは日本一プロレスを愛している美容師としては負けるわけにいかない。謎の闘争心が湧いてきた。

「知ってますよ、今はＷＷＥですよね」

マウント返し成功。

プロレスの知識なら僕も負けないと気合を入れていると、

「いやあ、米田さん、本当にプロレス好きじゃないですか。うれしいっすわ」

と心底、愉快そうに言ってきた。

何だ、僕を試してたのか。というか、この人もプロレス、マジで好きなんだな。僕もうれしくなってきた。

このプロレストークをきっかけに、僕はこのお客様と仲良くなった。プロレスを一緒に見に行ったり、ごはんを食べたり。プロレス以外でもフィーリングが合う。彼と会うだけで次から次へと話がはずんでいく。こんな人はめったに出会えない。

彼の名前は玉川大周《だいしゅう》という。

彼の会社はフィギュアの販売、ウェブデザイン以外にYouTube動画を制作している。

「米田さん、僕と一緒にYouTubeチャンネルやりませんか?」

と声をかけられ、始めたのが、

【米田&ボールのスリーカウントは叩かせない!】

という、ただ僕と玉川大周が、プロレスについて語るだけのチャンネルだ。

自分たちの思い入れのある試合について解説を入れたり、ちょっとしたうんちくを語ったり。ちょっとマニアックに走ることもあるけど、これが実に楽しい。青春まっさかりそのもの。ＹｏｕＴｕｂｅ動画を撮る時間が僕のご褒美タイムとなっている。

玉川大周とはこの先、ずっとずっと一緒に何かをやっていくと思う。

ただただ、ひたすら自分の好きなことを発信していたら、同じ気持ちの人が現れてくれた。

この本を読む皆さんも、好きな音楽、好きな俳優、好きな映画、好きなものなら何だっていい、**声に出して周りの人に自分が好きなことを伝えよう。そうすれば、いつの日か、それを理解し、一緒に笑い合えるような人に出会える。**

米田&ボールのスリーカウントは叩かせない!

第3章

サード・メッセージ「夢」

勝ちたいから、誰よりも準備をする。準備＝本気度、行動力＝熱量

僕の右腕ともいえるアシスタントの女性がいる。彼女の名前は谷崎志穂。22歳。男ばかりの職場で、人一倍頑張っている。メンズヘアアレンジに可能性を感じ、日々、腕を磨いている。

彼女と出会ったのは今から5年前。大阪にある美容師の専門学校のオープンキャンパスで講義した時に、話を聞きに来てくれていた。その時、僕の情熱に打たれたらしい。

「美容師にこんな熱い人がいるのか」

と、わざわざ関西から東京まで髪を切ってほしいと訪ねてきた。

その頃は前の職場で、女性の髪も切っていたのだけれども、僕と一緒に働きたいという熱意で、わざわざ関西から東京まで会いに来るなんて、すごい行動力だと思ったし、本気度がすごいと感じた。

そして美容師になるべく、専門学校に入り、東京に来て夢を叶えた。どちらかといえば、おとなしい性格だけど、胸に秘めた熱い炎は彼女の静かな姿勢からにじみ出るものがある。こんなに真面目で、頑張り屋を見たことがないっていうぐらい努力を重ねる。それは僕ですら、舌を巻くほどだ。

彼女は、みんなより、3時間、朝早く来て、誰よりもカラーやパーマの練習をし、仕事の準備をする。

それは前の職場の面接で会った時からそうだった。自分のおすすめアプリをプレゼンするという課題があったのだが、そこで彼女は完璧だった。

プレゼンしたのは、「airbnb」という世界中の宿泊先を探すアプリ。ただ、その良さを伝えるだけでなく、彼女はそこにいたスタッフに「中村さんにはここ」

「米田さんにはここがおすすめです」とプレゼンしてきた。

聞くと全社員のインスタをチェックして、研究してきたという。

「全社員のインスタをチェックする」というのは、僕がいろんな人に勧めていることだけど、彼女はそれを実行した。しかも、その人の趣味嗜好を細かく把握する。本気度のある行動だ。

谷崎は仕事場に誰よりも早く来て、鏡をピカピカに磨く。気がきくし、言われる前にさっと動く。もはや彼女がいないと、うちは回らない。それぐらいの存在になっている。それは彼女が準備を怠らないからだ。

僕もテレビ番組出演のオファーがあった時は、その番組の過去の放送を全部チェックした。筋トレして、体を作って、2日間断食した。テレビに出て発言するのに、生半可な姿勢では、番組に携わっている人たちや視聴者にも失礼だ。

僕は準備＝本気度、行動＝熱量だとお客様やスタッフに強く伝えている。**本気でやりたいことがあって、それを手に入れたかったら、準備するのは当たり前。**

その準備に手を抜いちゃいけない。

オリンピックでメダルを取るような人たちが、「自分はここにいる誰よりも、練習してきた」と思って本番に臨むのと同じだ。夢の舞台には準備に魂を注ぎ込んだものだけが立てる。

「自分は本番に強いんです」と言う人が、時々いるけど、本気で叶えたいと思えば、人は必ず準備をするものだ。準備の量は本気度に比例する。その熱量は行動量となり、夢を実現するまで、その人を動かし続ける。

準備は、恥ずかしいことなんかじゃない。準備して挑み、そして勝つ。その姿こそ最高にかっこいい。

「本気で叶えたいなら、準備こそ、本番だ。」

結果は評価を生み、努力は価値になる。だからムダになる努力なんて絶対にない

努力の報われ方は一つじゃない。その時、結果が出なくて報われなかったと思っていても、人生は明日も続く。その時、報われない努力だと思っていたことも、後に予想もしていなかった形で報われていく。

僕の後輩にこんなことがあった。美容師の彼は、ある日ひどく落ち込んでいた。

「コンテストで4位だったんですよ……」

彼は、とある美容コンテストに出場し、優勝を狙っていた。コンテストでは3位までが表彰され、注目もされる。

上位とはいえ、3位までに入れなかった。それは、誰からも注目もされない、ということを意味する。

モチベーションをなくし、落ち込む彼に僕はこう言った。

「結果は4位だったかもしれないけれども、君の努力は無駄ではない。確実に君の人生の1ページに刻まれる。仕事が終わり、コンテストに向けて、毎日、練習したこと。その努力は君の価値になり、未来の成果を生み出していくと思う」

「そうですか……」

「それに君と話すお客様はいつも楽しそうだ。それは君の評価につながっているはずだ」

彼はいろんなことをよく知っている。引き出しが多く、文化、スポーツ、歴史、政治、芸能とあらゆるジャンルの話題で、お客様とテンポよく会話をする。それは彼が小学生の頃から、いろんな本に触れ、雑学を身に着けてきたからだ。彼はずっと子供の頃から努力を重ねてきた。

確かに今回の結果は4位だったかもしれない。結果はその時の評価、それ以上でもそれ以下でもない。**努力は見えない財産となって、これからも価値を生み続ける。**僕はそう彼に告げた。

結果が残せなかったから続ける、は違う

もう1人、一時の結果に悩み、苦しんでいた男の子がいる。彼は高校までサッカーをしていた。3年生で引退し、その後は美容師の道に進もうと思っていた。しかし、彼は引退試合で思うような結果が残せなかった。それが心残りでサッカーに大きな未練を持った。試合が終わって、数日後、僕のところにやってきて、

「大学に進んでサッカーを続けるか、専門学校に進んで美容師を目指すか、迷いが出てきたんです」

と胸のうちを打ち明けてきた。

彼の言葉に僕はこう答えた。

「思っていた結果が出るまでサッカーをやめられない、というのはちょっと違う

と思う。そこでは結果が出なくとも、**これまで君がサッカーに注いできた熱意と努力が価値になるんだ。どの進路を選んでも、その努力は必ず生きてくる**」

努力は絶対、価値になる。僕自身も経験があるからこそ、僕は彼の目を見て、本気で伝えた。

カットをしている目の前で彼は肩を震わせた。鏡越しに見ると、涙を流していた。その時、彼は、ただ泣いていて、僕は静かにカットを続けた。

後日、僕は彼に涙の訳を聞いた。彼はこう答えた。

「あの時、泣いていたのは、サッカーと別れる自分を思い描いていたからなんです。米田さんの言葉で、サッカーにピリオドを打つ決心がつきました。その決別の涙でした」

すっきりした表情だった。これまでの自分に区切りをつけ、新たな一歩を踏み出す。今、彼は美容師の道を進んでいる。彼がサッカーで積み重ねた努力は、新たなフィールドで輝くはずだ。

「結果は評価になり、努力は人生の価値になる。」

震えた心を信じて、一歩を踏み出せ

高校時代はバカみたいに青春を謳歌《おうか》した僕だが、美容専門学校時代、友達がいなかった。お客様にその話をすると、「嘘だー」と確実に言われる。だけど、本当のことだ。

深夜のファミレスで専門学校で一緒だったやつらと話をしても、合わなかった。僕が将来の展望を口にすると、「また米田がかっこつけている～」「夢みたいなことを言って～」と明らかに鼻で笑われたこともあった。

「バカにすんな」と思いながらも、否定されるたびに徐々に自信を失いかけ、不安になっていた。自分は大丈夫と思っていても、誰かの一言で、その「大丈夫」

はいとも簡単に打ち崩される。
ただ、人は生きている限り、いろんな出会いがある。見ていてくれる人は見ていてくれる。ありきたりな言葉かもしれないが、頑張っている自分を認めてくれる人は必ずいるんだ。

よく運命の人というけれど、僕はその運命の巡り合わせは縁だと思っている。それは日常にちりばめられている。運命の人は何も恋愛や結婚、師弟関係、ビジネスパートナーだけに限らない。何気なく出会った人たちの一言で、救われ、人生が変わっていく。

専門学校時代、友達がいなくて、ほとんど誰とも話さなかったけど、それでも何度か救ってくれた大人がいた。１人は実習で出会ったあるマダムだ。

年の頃でいうと50代だろうか。まだ何もできない僕は、たわいのない話をしながら、とにかく一生懸命想いを込めながらハンドマッサージをした。

すると、こんなことを言ってくださった。

「大丈夫、あなた絶対に売れるわよ」

何で、こんな言葉をかけてもらえたか分からない。

家に帰って、母親にその話をした時、なぜか突然ボロボロ涙が流れてきた。

きっとそれは、友達がいない専門学校生活に不安を抱えていた時に、そのマダムから頂いた言葉に安心した自分がいたんだと思う。

他にも著名なマナー講師の先生から、「君は道徳心がすごいから、それを大事にすれば、きっと世に出るよ。大丈夫、君はとんでもなく売れる」と言われたこともあった。

もしかしたら、その人たちは僕にそんなことを言ったことすら覚えていないかもしれない。ただ、その一言で、「自分は間違ってない」と安心し、自分を信じられるようになった。

これはその時に分かった、僕が思う真理だ。周りから否定されて、自信がなくなった時に必ず思い出す。

「大丈夫。

誰かの一生懸命を否定するやつになんて誰もついてこない。それよりも誰かに否定されたからって、自分の夢に胸が張れないなんてダメだ。胸を張って夢を語れないうちは絶対に夢は叶わない。

誰かをバカにすることに一生懸命なやつと、夢を叶えるのに一生懸命な自分。もう将来の決着はついている。大丈夫だから、胸を張って壮大に生きればいい」

人は、心が震えた瞬間から動き出す。

信じるのは心が震えた時の、その感情だけ。今、心が動いた、心が震えたと思ったら、行動に移し、踏み出す。誰かを否定するんじゃなくて、誰かの心を震わせる存在になればいい。

僕は、あの瞬間の心の震えを決して忘れない。

「誰かを否定するんじゃなくて、
誰かの心を震わせる存在になればいい。」

努力は必ず報われるよ。報われるまでにやめるから報われないんだ

努力は必ず報われる。僕はそう信じている。ある男子高校生の例をあげよう。彼はシャイで、僕に面と向かって何かを話すわけではない。けれども、ある時、ＤＭでこんなメッセージを送ってくれた。

「こんばんは、米田さんにはすごく感謝をしています。自分は今年、指定校推薦で大学に入学しました」

文体からも、喜びが伝わってくる。きっと本人は相当努力したのだろうな。僕は彼のメッセージからそう感じ取った。

高校2年生の時に、ある大学に進学したいという希望を持った。学びたいこと、そこに通う学生の雰囲気、卒業生の活躍……。彼にとってその大学に行くことは、憧れであり、希望であり、今後の人生を大きく左右することになる。

高校2年生から、「その大学に行く」と、担任の先生や友人に公言していたそうだ。オープンキャンパスに行き、何度もその大学で学ぶ自分をイメージした。

もちろん勉強にも手を抜かなかった。その学校に行くためなら、あらゆる努力を惜しまなかった。僕はそんなガッツのある人が好きだ。夢を叶えるためには、準備を十分にする。「準備＝本気度」を地でいくタイプだ。努力の末、指定校推薦の枠がもらえる、そこまでたどり着いた。しかし、彼は心のどこかで不安を抱いた。

自分よりも成績が上のやつがいたらどうしよう。

努力しても上には上がいるという現実は付きまとう。自分は努力しているつもりでも、ライバルはさらに上を行く。

彼にもライバルは現れた。志願書受付当日、「成績上位の人がいる」、そう連絡を受けた。まだ、面接審査があるとはいえ、受かる確率は20％だと先生から言われた。20％といえばかなり低い確率だ。

「正直、もう何も考えられなくなって、やる気が起こらず心が折れてしまいました」

以前から準備してきて、相当努力も積み重ねてきたのだろう。しかし、彼は僕のこんな言葉を拾ってくれた。

「努力が報われる前に努力をやめるから、報われない」

これは僕がインスタグラムで発信した言葉だ。

努力は報われる。それはあきらめずに努力をし続けた者に得られる権利だ。努力が報われるには、努力を重ねるしかない。そして挑み続けるしかない。夢をつかんだ人たちはみんな努力をし続けている。たとえどんな高い壁があっても、扉を見つける。見つけるまで扉を探し続ける。手強いライバルの存在もとらえ方次第で、人生においてブレーキにもアクセルにもなる。終わってもいないのに、あきらめるな。僕はずっとそのメッセージを発信し続けてきた。

「何で俺はまだ終わっていないのに、あきらめているんだろう。こんなところで立ち止まっているのだろう。米田さんの言葉はそう思わせてくれました」

彼はその後、夜遅くまで学校に残って、担任の先生に志望理由書を見てもらい、面接の練習を重ねた。そして大逆転で指定校推薦をもらったという。

僕は彼からのメッセージを読んで、「やった!」と、思わずガッツポーズをした。あきらめないで、最後まで努力をし続けて、夢の切符を手に入れた。

もちろん、大学入学は夢のスタートにすぎない。けれども、彼は、努力は必ず報われることを知った。これは先の人生で大きな糧《かて》となるだろう。

努力は報われるまで続ければ、必ず報われる。

思い出してほしい。小さい頃、僕たちはゲームをした。何度負けてもクリアするまで挑戦し続けたはずだ。でも、人生では途中であきらめてしまう。周りに無理と言われるから？　自分でダメだと思うから？　自分があきらめてしまうからゲームオーバーになってしまう。もともと僕たちは何事も、やり遂げられたんだ。やり続ければいい。クリアするまで。一度や二度の挫折はある。二回、三回間違えたっていい。何度挫折するかよりも、何度立ち上がったかがもっと大事だ。

倒れた回数だけ立ち上がればいいだけだ。やり遂げるまで。ゲームと同じ。

スポーツといった勝負の世界では、頑張ったけれどもレギュラーが取れない、代表に選ばれなかったと、挫折してしまうことはあるけれど、努力の報われ方は一つじゃない。

例えばサッカーでレギュラーになれなかったとしても、努力し続ければ、社会人になった時に報われる時が必ず来る。努力は必ず自信となり自分を支え、立ち上がらせてくれる。あの時、頑張った、だから自分は大丈夫。そう思えた瞬間から努力は報われ始める。

「努力は必ず報われる。この綺麗事《きれいごと》は、自分次第で事実になる。」

誰でもできる仕事を、自分にしかできない仕事にするには、人の１００倍考え、１００倍努力する

「自分がこの世界を変えたい」とか、「この業界に風穴を開けて風通しを良くしたい」と思うのは悪いことではない。

けれども、「誰かと同じようには思われたくない」「この世界で唯一無二の必要とされる存在でありたい」と思うなら、少し冷静に考えてみよう。そもそも世界は、そんなに君を必要としてはいない、というシンプルな事実を。

アシスタントにこんなことを言う女性がいた。

「米田さんのアシスタントさんって呼ばれるのは、もう嫌だ。自分にも名前がある。米田さんのアシスタントさんではなく、自分の名前で指名してほしいんです」

店が終わった後、ラーメン屋で彼女は泣きそうな顔でそう言った。一生懸命頑張る性格で、僕も彼女を評価していた。

しかし、その時点ではまだ足りないところもたくさんあった。美容師は一朝一夕で人の髪を切れるほど甘くはない。信頼を築き、「○○さんに切ってもらいたい」と思われるような存在になるためには、人と違うことをしなければいけない。それは簡単なことではない。自分が思いついたことなんて、もうすでに他の誰かがやっているかもしれないのだ。

「誰かに必要とされたい、と言うけれども、それなら唯一無二になれるだけの努力をしているか?」

と彼女に言った。

僕の好きなドラマ「ＪＩＮ―仁―」の最終話にこんなシーンがある。生死が不明の坂本龍馬を捜索する勝海舟が、主人公にこんなセリフを言う。

〝あいつがなくなりゃ、あいつの代わりになるヤツが自ずと出て来て、あいつがやるはずだったことをやるもんさ〟

これだけ聞くと、冷たい言葉のようにも感じるが、このセリフの裏にはこんなメッセージが隠れている、と僕は思う。

〝だったら、いなくなったら困る存在になれ。そのために人より考え、人より努力しろ〟

誰かにとって「この人しかいない」と思わせる存在になるためには、どうしたらいいかを僕もずっと考えてきた。それこそ、夜も眠れないほど。

その結果、男子の前髪カットは、日本でいちばんうまいと、自信を持って言えるようになった。僕が切った前髪は、何カ月たっても決まるように仕上げている。

それは、僕自身が前髪に強いコンプレックスがあり、誰よりも悩み、こだわり、研究してきた結果にほかならない。

そして、僕のカットはよく、「異質すぎて誰も真似できない」と言われる。

そのすべてが、「その子にさえ合えばいい」というマインドで研鑽してきた。その子にベストであることがいちばん大事で、自分が周りにどう言われるとか、僕らがやりやすいとか、そういう思いは捨ててきた。それは、いつしか「パーソナルカット」と呼ばれ、僕の代名詞のようになった。

これはもう人より100倍考えて、100倍努力するしかない。

棚ぼたでラッキーが落ちてくるほど、人生は甘くできていない。ビジネスの成功者の中には、「人が嫌がることも率先してしなさい」と言う人もいるが、ある意味正しいと思う。その人は他がやらないことを〝率先してやる〟ことで成功を手に入れた。

つまり人より考え、努力をした結果だ。

「誰かと違う存在になりたいなら自分が変われ。周りの評価を変えたいなら、自分が変われ。そのための努力を惜しむな。米田のアシスタントさんと言われるのが嫌なら、どうすれば自分の名前を売れるか、考えればいい」

僕は強く彼女に言った。彼女は泣いていた。ラーメンを前に何度もうなずき、聞いていた。

そこから、彼女の変化は目覚ましいものがあった。

１日の営業が終わると、「朝、決めたようにできなかった」とか、「あの人に１００％を提供できなかった」と、自分を振り返るようになった。具体的には、「お客様に10分、話をする予定が、立て込みすぎてて5分しかできなかった」とか、めちゃくちゃ悩み、昨日より今日をよくするための努力を必死にしていた。

その日、失敗したことは、その日の夜に必ず反省し、原因と対策を考えていた。それでも分からないと、僕のところにしつこいくらい聞きに来た。

「今日、こうやってカットしたんですけど、うまくいかなくて……。何がいけなかったんでしょう？」

僕のアドバイスを理解したら、納得いくまで何時までも練習していた。

そうして、彼女は人一倍技術を磨き、やがて自分だけのスタイルにたどり着いた。

「私は旅が好きなんですよ。これまでもたくさんの国を訪れて、その話をしたら、お客様がものすごく喜んでくださって。〝旅好きの美容師さん〟って、認識してくださるようになりました」

彼女は屈託《くったく》なく笑った。

そして旅好きな美容師は今年、独立する。

店を出すのではない。フリーランスになって、世界を旅しながら、その土地の人たちの髪型を美しくしていきたいそうだ。

彼女はもう、無名の誰かではない。世界をフィールドにする旅人美容師だ。

「他の誰でもない自分になる方法はきわめてシンプルだ。
人の１００倍考え、人の１００倍努力する。それしかない。」

就活と受験、落ちた時は、その事実を一度、認めることで、大きく飛躍する

就活も受験も究極の話をいえば、ご縁だ。もちろん、努力したうえでの話だが、いずれも100％合格ということはない。特に就活は、どんなにいい大学に入って、優秀な成績を取っていても、その企業のカラーに合わなければ、採用はされない。

だから僕は、就活や受験で落ちたお客様には必ず、
「ご縁だからね」と言っている。そのうえで、こうも付け加える。
「ただ、そのレースに負けたことは一度、認めよう。悔しいかもしれないけれど、

それだけは理解しよう」

一見きつい言葉かもしれないが、これは現実だ。僕は学歴主義ではないけれども、東大に入った人はその事実だけで、一度、戦いに勝ったといえるのだと思う。

以前、ある東大生がテレビで、

「東大に落ちたやつはみんな負けたと思っている。だって、小学1年生の時点で、同じスタートラインに立っているのに、勉強ができずにいるというのは、その時点で一度、競争に負けている。なぜなら勉強はみんなするものだから」

と話しているのを聞いて、衝撃を受けた。この発言には賛否あるだろうが、僕はその通りだと思った。真理であるとも思った。

もちろん環境や生まれ月（小さい頃は早生まれは損という考えもある）の差はあっても、小学校の時点でほぼ、同じようなことを学び、同じようなタイミングで字を覚え、算数を習う。それを東大に入った人たちは、きちんと学び、知識として吸収していった。

テレビで何気なく聞いた東大生の言葉だったけれども、僕の指針となっている。競争に敗れたことは一度、認める。それが、その後大きく成長できるかどうかの鍵だ。それは、かっこ悪いことでも何でもない。

スポーツの世界でもそうだが、ずっと勝ち続けるのはなかなか難しい。連勝記録を伸ばしても、負ける時は来る。大事なのは負けたことを悔しがるのではなく、そこから何を学ぶのかだ。勝ち負けは偶然じゃない、必ずそこに理由がある。

僕は就活や受験がうまくいかなかった人には必ず、こう話すようにもしている。

「君より先にゴールを決めた人がいるのには何か理由がある。もしも、君がその大学や業界に入りたかったら、どうしたらゴールを決められるのか、どうしたら、その世界に入ることができるのか、考えてみよう」

負け惜しみからは何も見えてこない。それは現実から目を背けているからだ。

実は競争で一度、負けを認めると真実が見えてくることもある。一緒に、どうすればいいのかを考えた時に、ふと、負けた原因が見えてくることがある。例えば就活なら、その企業に合ったカラーで勝負するのが大事なのに、全く場違いな服装で臨み、落ちたなんてこともある。

これは証券会社に落ちた学生の話だ。

「ちなみに君、どんな格好で面接に行ったの？」

「黒のスーツですね」

「ネクタイは？」

「ヒョウ柄。ちょっと王道から外れたほうがいいかなと思って」

「おいおい。証券会社にヒョウ柄のネクタイをしていったら、ＴＰＯをわきまえてないやつだと見なされて当然だろ。

そのネクタイで奇抜な話をすれば、面白いやつと評価されたかもしれないけど、君みたいな真面目なキャラで、ヒョウ柄のネクタイして、真面目な話をしたら、そりゃあ先方だって、〝何だ、こいつ？〟って、困惑するでしょ」

「そうですよね……」

彼は素直に聞き、思い出して笑った。競争に敗れたって、一生負け続けるわけじゃない。違うレースで勝てばいい。「負けを認めることは強くなるために必要不可欠なことだ」と思えば、人生は楽しくなる。

「勝つことはかっこいい。
でも、負けを認めることは、もっとかっこいい。」

ヒーローになりたければ、ヒーローと同じ言葉を使えばいい

「米田さんは、何でそんなかっこよくて、くさいことが言えるんですか」

お客様や若いスタッフにこんなことを言われる。

例えば何かうまくいかなくて、心が折れた人には、

「勝ったか負けたかじゃなくて、立ち上がり続けることに意味があるんだよ」

と声をかける。これはあるプロレスラーが総合格闘家になって、負けてしまった時に、観客に向けて言った言葉を真似している。

こういうことを言うと、決まって、

「くさい言葉っすね」

と言われる。

だけど、〝くさい言葉〟と思っているということは、確実に心に響いているということだ。気に留めなければ、何も感じない。

「いい言葉だろ。これ、俺が大好きなプロレスラーの言葉。俺がこんなくさいセリフを遠慮せずに言うのは、心底プロレスラーに憧れているからだ。

こんな人になりたいと思ったら、その人と同じ言葉を使って、同じような行動をするのが、一番近道だと思わない？」

これは本心だ。僕には何人ものヒーローがいる。プロレスラー、アベンジャーズのキャラクターたち。フォークデュオのゆず、もう数え切れないぐらいのヒーロー（もしくはヒロイン）たちの言葉が人生を支えてくれている。

特に好きなのは映画『シビル・ウォー／キャプテン・アメリカ』だ。

この作品は、第二次大戦中の兵士であった主人公が、氷河の中で氷漬けになったまま何十年も過ごし、目覚めた時は現代だったという設定。

彼には、かつて愛した女性がいた。その女性が生前に、姪《めい》から、「女性の活躍など誰も望まない時代に、なぜ活躍できたのか」と尋ねられ、語ったセリフがしびれる。

「皆が、間違ったことを〝正しい〟と言ってきたとしても、世界中から、そこをどけと言われたとしても、大樹のように微動だにせず、相手の目をのぞき込んで、こう言いなさい。あなたがどきなさいと」

最初、このセリフを聞いた時に鳥肌がたった。彼女はまだ女性の立場が弱かった時代に、自分の力で立ち上がろうとした強い人。だからこそ、ものすごく説得力があって、心に突き刺さる。

言葉だけではない。

僕は全国の美容専門学校で、講演をさせてもらっているが、マイクを使わないスタイルを貫いている。

それは、大好きなゆずが、コンサートの最後で、「ありがとうございました！」と、マイクを使わずに、聴衆に謝辞を叫ぶ姿を真似している。

「ヒーローなんて、とてもとても……」という人がいたら、ぜひ、考えてみてほしい。好きな映画のキャラクター、スポーツ選手、芸能人の他、身近で憧れている誰かでもいい。その人のいちばんかっこいいセリフを口にして、その人になりきる。

僕のお客様には『ワンピース』のルフィが好きで、彼の口真似をする人もいる。ヒーローと同じことを言うのは、自分の理想像になるいちばんの近道になる。

「心を燃やせ。」

（『劇場版「鬼滅の刃」無限列車編』）

人としての当たり前を徹底する。それが信用を築く、唯一の方法

「何をやっているんだ！」

と僕がスタッフに切れるのは、当たり前のことができていない時だ。

ある日のこと、カラー剤が足りなくなって、アシスタントの若いスタッフが、お客様の元を1分、離れた。彼は戻ってきて、「お待たせしました」とだけ言った。これに僕は冒頭のようにブチ切れた。何でだと思う？

「お待たせしました」の前に、「申し訳ございません」がなかったからだ。

誰かを待たせた時に、「待たせてごめんなさい」と謝罪の言葉を言うのが、人として当たり前だ。

ましてや相手はお客様。美容室にお金を払って来てくださっている以上、その時間はすべてお客様のもの。それをわずか数秒でも使ったとしたら、「申し訳ございません」と言うのが、当たり前。

これ以外にも、「ありがとうございます」を言う時は、相手の目を見て。

誰かと食事をしたら、必ずＬＩＮＥで「楽しかったです。ありがとうございました」を送る。

それを徹底することで信頼関係が築かれていく。

ところが、美容師の中には、チヤホヤされて調子に乗ってしまい、人に横柄《おうへい》な態度をとったり、ごちそうになってお礼も言わず、打ち合わせの時間に遅れても謝罪もしないような勘違い男が、少なくない。

「ごちそうになったらお礼を言う」「時間を守る」「年長者への礼儀を守る」「弱者に優しくする」……。

こんなことはどれも当たり前のことだ。小学生でも知っている。

当たり前をなおざりにしていると、一時的にチヤホヤされることはあっても、必ずいつか愛想を尽かされる時が来る。

今、僕のお客様の多くがリピーターになってくださっているのは、技術を磨いた努力もあるかもしれないが、こんな当たり前のことを実践してきた積み重ねだと思っている。

逆に、人として当たり前ができていない、自分が見ていて不愉快なことは僕の視界からなくしたいとさえ、思っている。

例えば女の子が嫌がっているのに、しつこく口説いて、ナンパしているやつを渋谷の街で見た時。

「すみません、その子、俺の連れなんで」

と、間に入って止める。その子が嫌がっている以上、そういう行為を続けるやつが見ていて不愉快なのだ。

こんなこともあった。

電車で優先座席を占領して、バカ騒ぎしていた酔っ払いの若い連中を注意したことがある。

明らかに優先座席が必要そうな高齢者がいたのに、無視して騒いでいたから、

「優先席なんで、どいてもらっていいですか」

と言ったら、

「俺たち酔っ払いだから、足腰ふらふらで優先座席必要だよなー」

とふざけたことを返してきた。

だから、次の駅に停まった時に、電車から無理矢理ホームに降ろしたこともある。もちろん、「ふざけるな！」と胸ぐらをつかまれて、トラブルになることもあるけど、見て見ぬふりをするよりよっぽどいい。

これは極端な例かもしれないけれど、明らかに困っている人がいるシチュエーションは放っておけない。

エレベーターやエスカレーターがなくて困っているベビーカーの親子連れがいたとしたら、「一緒に運びますよ」と、助ける。

そんな当たり前のことが自然にできる大人が、いちばんかっこいいと、僕自身が見ていて思うからだ。

「本当のかっこいいは、人としての当たり前から始まる。」

「成功」。それは自分を徹底的に疑うところから始まる

人間、調子のいい時ほど、自分を疑うべきだと思っている。いや、むしろ、どんな時でも、自分を疑い続けることは大切だ。

今僕は、「こんなに忙しい美容師っているのかな?」って、自分で思うくらい毎日が慌ただしいけれど、そういう時こそ、「これが本当に自分のしたいことなのか」「誰かを傷つけていないか」って、自分を疑うようにしている。

その結果、「これでいい」と、確認できればそれでいい。これは疑心暗鬼とい

うことではない。**自分の力を信じるために、僕は自分を疑い続ける。**

矛盾のように聞こえるかもしれないけど、人間というのは、うまくいっている時ほど、過信する。人は何も自分一人の力だけで成功するわけじゃない。僕の場合は、僕を信じて店に来てくださるお客様がいて、そしてどんな時でもサポートしてくれるスタッフがいる。あらゆる人たちの力があって、今、米田星慧という人間がある。

だから、うまくいっている時に、「これは自分の実力だ」と思うのは、あまりにも横柄《おうへい》じゃないか。

「会社の売上がいい」「メディアから取材された」「有名人と仲がいい」など、自慢してくるやつがいる。前にも書いたけど、美容業界は特に勘違いする人が多くて、少しでももてはやされると、態度が悪くなっていく。

打ち合わせに遅刻する、もしくはすっぽかす、遅れてきても、態度が悪い、初対面の人なのに敬語を使わない。食事をごちそうになっても、きちんとお礼が言えない。そんな美容師は、いくら技術が高かったとしても、髪を切ってもらいたいと思うだろうか。調子に乗った時点で、人は成長が止まる。僕はそんな人間にはなりたくないし、僕に関わる人たちにそうなってほしくない。

カット一つにしても、その時に出せる最高の力を出して、お客様一人一人に接しているが、「もっとこんな風にできたんじゃないか」、「あそこをこうすれば、もっとあの人はカッコよくなる」と自分のやった結果を一度疑い、自己満足したままでは終わらせない。

今、新しいことにもたくさんチャレンジをさせてもらっている。有名作曲家プロデュースで、歌手活動もしている。うちのスタッフたちと一緒にユニットを組んで、僕らが伝えたいメッセージを歌という形で発信する、面白い企画にも参加させてもらっている。

他にもDJとコラボし、オンラインのヘアショーもやらせてもらったし、新しいことにどんどん挑戦し続けている。走り続けることは大事だけど、うまくスピードが乗っている時ほど、少しペースを落として、自分を疑うことが大切だ。

僕自身も、ずっと正しい道を歩んできたわけじゃない。気がつかないうちに独りよがりになっていたこともあったし、先を見て突っ走りすぎ、スタッフから「ついていけない」と言われ、距離ができてしまったこともある。外ばかりを見て、内側のスタッフに十分に向き合えていなかったのだ。

それはやっぱり、僕が描いていた先輩像とは違う。一度自分を疑ってみると、「外に出て、みんなを先導していけばいい」っていうだけの先輩になってしまっていたな、と気づくことができた。

調子のいい時ほど、一度、立ち止まって、「自分は大丈夫か？」と省みることが必要だと考えている。

このことは後輩にもよく言い聞かせている。

予約が増えてきた時、売上が急上昇している時、「おまえは、一回、自分を疑ったほうがいいよ」って、注意する。

スタイリストの誰かの売上が上がるっていうことは、それだけ店が忙しくなるということ。そうすると会社全体が活気づき、みんな何となく「これでいいんだ」

と安心してしまう。

そんな時こそ僕は、みんなに、「一回、疑ってみない？」と言うようにしている。

「本当にいいのそれで？　本当に自分たちがやりたいと思ったことやってるの？」

「逆にお客様が求めていることではなく、自分たちがただやりたいことを、やってるだけじゃない？」

僕自身も、

「この接客でお客様は幸せなのか？」

「このサービスでお客様は喜んでくださるのか？」。

ＳＮＳで発信する時も、「このメッセージで届いてくれるのか？」と、いつも自問自答しているし、信頼できる人に相談することもある。

僕が心配性というのもあるけれど、**少しでも自分に疑いの目を持っておかないと、何かに足元をすくわれた時に大怪我をしそうだからだ。**

その代わり、うまくいっていない時は、自分を思いっきり信じるようにしている。

「自分はこれまで頑張ってきたじゃん」「お客様に米田さんの言葉で救われたって言ってもらえたじゃん」と、過去にお客様から言われてうれしかった言葉を、何度も何度も思い返すようにしている。

自分を疑い続けることは、ネガティブなようにも思えて、実は自分を成長させるために必要なことだと思う。疑うことは一歩引いて見ることにつながり、自分を客観視するのに役立つ。

自分の出した結果や生き方を何度も振り返り、疑う。

これが人としての成長を止めず、夢を叶える最大のポイントだ、と僕は、確信している。

「自分を信じるために、自分を疑え。」

今、生きているということは、何度でも壁を乗り越えてきた証拠

壁。

人生において、いくつもの壁が君たちの前に立ちはだかるだろう。

僕はフォークデュオのゆずが大好きだけれども、彼らの曲を聴くとたびたび、人生は平坦な道ばかりではなく、不可能な壁を越えていかなくてはいけないことがたくさんあると気づかされる。

どんな人にも、人生には山や谷がつきものだ。そして、いろんな壁を乗り越えてきたから、今の自分がある。

僕はお客様から、「彼女にフラれて、留年もして、もう無理です」みたいな相談をよく受ける。こんな時に、「女なんて星の数ほどいるからさあ」と言っても、響かない。だって、大好きな彼女にフラれたのだから。

彼には今、最大の壁が立ちふさがっている。それと向き合わないと、次のステップには進めない。だから、僕は言う。

「人生には、何度も壁が立ちはだかる。二重跳びができないとか、折り紙で鶴が折れないとか、定期試験の前日に全く勉強してないとか、留年したとか、財布を落とした、とか。**時には、今度こそ〝もう無理〟〝人生詰んだ〟と思うことだってある。**

でも、君の目の前にある壁は、必ず越えられる。なぜなら、今、生きているということは、これまで大きな壁をすべて乗り越えてきた証拠だから。

友達にいじめられてもう学校行きたくない、とか、過去に自分に起きた出来事を振り返ってみて、今よりやばかった出来事っていっぱいあったと思う。

ところが、その一個一個を、気づいたら人は越えていて、やがて、それを思い出さなくなっている。

つまり、**人は越えたものを思い出さない。今、君の目の前にある壁は、気がついたら自然と越えている。**10年20年たったら、きっとふだんは思い出すことさえなくなるんだ」

若造が何を偉そうにと思う人がいるかもしれないけれど、これは人生の中での真理だと思っている。

壁を乗り越えるにも、いろいろある。圧倒的な努力で、乗り越えるということもあるし、「もうどうにでもなれ」と覚悟が決まった瞬間、壁が壁でなくなっていることもある。よくよく考えたら壁を迂回することもできたり、そもそも壁ではなかったりすることもある。

いずれにしろ、壁にぶつかった時に必要なのは、いつまでも思い出せるぐらい、その出来事に対して、濃く向き合うということだと思う。そのうえで、一度開き直って、他人事のように突き放してみるというのも有効だ。

乗り越えられない壁なんて存在しない。だから、安心して毎日を生きればいい。

「登ればいい、目の前のその壁。
見てみるがいい、その壁からの景色。」

「いい？ 今日はカット代を受け取らない。だから必ず返しに来てくれ」

―白血病の女の子と交わした約束―

いつも頭の片隅から離れないお客様がいる。まだ二十歳そこそこの女の子だ。

彼女と出会ったのは5年前。前の会社でスタイリストとしてようやくスタートを切った時に、僕のところにやってきた。

ミディアムで、笑顔がとても素敵な女の子だった。

「どんな風にしますか？」

僕は尋ねた。すると彼女はうれしそうに、

「今、伸ばしているので、そろえるぐらいにしてください」

と答え、こう続けた。

「こうやって米田さんにカットしてもらうのが夢だったんです」

うれしいことだ。僕のことはツイッターで知ってくれたらしい。

「米田さんの言葉に何度も救われました。私、長い間病気で、すごく不安だった時期に米田さんのツイッターを知って。米田さんが私に語りかけてくれているみたいで、頑張って生きようと思ったんです」

「え？　まじ、うれしいな」

僕は精一杯明るく答えたつもりだったが、内心は動揺していた。頑張って生きようとしているって、かなり深刻な病気だったんじゃないだろうか。

「私、お薬の副作用で、髪の毛がなかったんですよ」

え？　薬の副作用で髪がない？　驚きのあまり心臓が高鳴った。

「白血病だったんです」

彼女はあっけらかんと自分の病を口にした。

「え……」

そのあとの言葉が出てこなかった。目の前にいる女の子がそんな病に冒されていたこと自体、信じられなかった。

「白血病といっても、この間なったばかりじゃなくて。小学生の時になったんです。寛解して5年たちました。この間、高校も無事卒業できて、ホッとしています。高校生になるまで生きていられるかどうかも、分からなかったから」

にこやかに語る彼女を見て、一瞬でもうろたえた自分を恥じた。そして今、彼女が目の前で生きている奇跡に感謝した。

僕たちは当たり前のように日々を過ごし、高校に行ったら、毎日、バカみたいな話をして、楽しく過ごして、当たり前のように卒業して、社会に出ていくものだと思っていた。だけど、彼女にとっては日常の一つ一つが当たり前じゃなくて、今日、生きていることだって、奇跡のようなものかもしれない。

「よし、俺がめっちゃかわいくするから。楽しみにしていて！」

僕は彼女に生きる喜びをとことん味わわせてあげたいと思った。髪を整えて、おしゃれして、出かけて、友達と当たり前のような日常を送ってもらいたかった。

彼女を輝かせるために精一杯、ハサミを動かした。


それから数カ月たった頃。

彼女が突然、店にやってきた。以前とは違った様子だった。表情は曇り、元気のない感じだった。

「どうしたの？」

尋ねると彼女は、表情を硬くしてこう言った。

「また白血病になってしまいました」

え？　耳を疑う。またって何？

「治ったんじゃないの？」

「前の白血病は治ったんですけど、また違う種類の白血病になりました。今回は生存率が5年で40%らしいです」

僕は膝から崩れ落ちそうになった。

何で白血病ってやつは彼女ばかりを襲うんだ。何で世の中に白血病なんて病があるんだ。僕は誰にぶつけていいか分からない怒りで頭の中が真っ白になった。

一度、バックルームに行き、こぼれる涙をタオルでおさえた。悔しかった。僕は彼女の病気を治すことはできない。かける言葉も見つからない。ただ無力な自分に腹を立てた。できることはただ一つだ。彼女を美しくしてあげること。涙をぬぐい、僕は彼女のところに戻って、ただハサミを動かした。

絶対に治る、治る。

念に魂を込めて、彼女の髪をカットした。そしてその日はカット代を受け取らなかった。必ず次も来てほしかったからだ。

「いい？　今日はカット代は受け取らない。その代わり必ず次も来てくれ。その時、今日のカット代を返してほしい」

彼女は「はい」と小さくうなずいた。

そこから彼女からの連絡はパッタリと途絶えた。

僕はずっと彼女を待っていた。きっと今頃、生きていてくれている。そう信じてはいたものの、消息が分からないものだから、不安にも駆られる。「もしや……」という考えも頭をよぎった。だけど、生きていてほしい。そしてあの時のカット代を払いに再び僕のところに来てほしい。そう願い、毎日を過ごした。

それから3年ほどたっただろうか。僕のインスタのメッセージに彼女から連絡が来た。最初に「ごぶさたしています」とあり、「あの日のカット代を払いに今度、GOALDさんに伺っていいでしょうか」と続いていた。

このメッセージに僕は跳び上がった。GOALDを立ち上げていたことも、彼女は知ってくれていたようだ。

良かった。生きていてくれた。胸が高鳴る。生きていてくれればそれでいい。

僕の前に現れた彼女は以前よりもやせていたけれども、少しも変わらない笑顔で「おひさしぶりです」とあいさつをしてくれた。

髪は肩ぐらいまでの長さで、一見、病人とは思えない。聞くと、入退院を繰り返していて、まだ病気は治ってないという。

「お薬を飲むよりも、ここに来たほうが、元気になれる気がするんです。米田さんに髪の毛を切ってもらうんだ！って思ったら、不思議と力が湧いてきて。病気のほうは良くもなっていないけど、悪くもなっていない。きっと悪くなっていないのは米田さんに切ってもらいたいっていう気持ちが強いからだと思うんです」

彼女の思いを受け取り、さすがに僕は泣いた。僕が髪をカットすることで、誰かの生きるパワーになる。それならば全力で髪を切ろう。ハサミにパワーを込めよう。


僕の魂が誰かの髪に宿ったなら、それが僕の生きた証になる。


そして、この本を書いているこの瞬間に、リアルタイムで信じられないことが起きた。

彼女の白血病が、奇跡的に回復したのだ。

僕はその一報を彼女から受け取った時、我が目を疑った。この病と付き合っていく覚悟を決めていた彼女が、いちばん信じられない気持ちだっただろう。主治医でさえ、「自分にも理解できない。奇跡が起きた」と驚いていたという。でも僕は、奇跡だとは思わない。決して自暴自棄にならず、周囲への感謝と前向きな気持ちを失わなかった彼女が、自らつかみ取った幸運だと思っている。

見た目は、おとなしくて可愛らしい女の子だが、**彼女の生き様は、最高にかっこいいと思う。**

最後に、彼女が日々大切にしている思いを、直筆のメッセージにしてもらったので、そのまま隣に掲載したいと思う。

私もまだ20代半ばですごい事とか言えませんが、何かに悩んだらまず
「出来ない」「弱い」自分を認めること。私はずっとワガママでした。
そんな私に友人が言ってくれた言葉です。「無理に強くなろうとしなくて良い、
見てて痛々しい。弱さを認めて向き合っていく事が大切。認める事で少しずつ
変わっていくと思うから」私はこの言葉をきっかけに強がることをやめました!!

無理なものは無理。出来ないものはできん!! でも!!! 出来る事は全力でやる。
それが私の出来ること。少しずつだけど出来る事がふえて、今では挑戦することが
楽しめる事がふえてきました。まず私にとっては生きていく事が挑戦なんですけど…。
だからいつも何かに挑戦してる畑さんはすごい。人に与えるものが大きいから
全力でまっすぐなんです。会う度パワーもらってます!! 私も負けません!!

あと、誰かとの約束を大切にしましょう。時間を守るとか、自分だけじゃない相手の
時間も大切に。私は方向音痴なので待ち合わせは基本30分前行動です笑
私は畑さんと会う度に必ず約束をしています。『絶対守る』毎回必死です(色々と後が怖い笑)

畑さんは私の事を「奇跡がール」って呼びます(あと、何故か先生って呼ばれます笑)
畑さんのおかげで「奇跡」がおき続けてる気がしてます。
いつもありがとうございます。

ラスト・メッセージ

ここまで読んでくださった、あなたと僕は、もう出会い、そして共にこの時代を駆け抜けていく者です

「本を出さないか？」

と、声をかけていただいた時に、「どんな本にするか？」をとにかく悩みました。

美容師が本を出すというと、ほとんどは売上の上げ方、経営の仕方、自己啓発などが多くなります。

そういう本が多いからこそ、僕自身、

「美容師としていちばん伝えるべきことは何か？」

「本当の美容師の魅力とは何なのか？」

そう考えた時に、頭に、最初に浮かんだのは、

「お客様」


でした。

お客様と共に歩み、共に成長してきたと、胸を張って言える僕だからこそ、お客様を紹介するように、お客様と僕の日々を、そのまま記しました。

この本を通して、改めて、思ったのは、僕の周りは本当に素敵な人であふれているということです。

この本を通して改めて、出会えた多くの方々に感謝をしたいと、強く思いました。

この本を読まれた皆様。

どうか少しでも心に何か感じることがありましたら、その気持ちを失う前に何か小さなことでも行動してみてください。

あなたの行動を笑う人なんて気にしなくていいんです。

僕もたくさん笑われてきました。

今も笑われることもあります。ですが、あなたがあなたらしくいれば、自ずと素敵な人に出会い、そして共に歩めます。

ここまで読んでくださったあなたと僕は、もう出会い、そして共にこの時代を駆け抜けていく者です。

僕からあなたにお願いがあります。

まだまだ未熟な僕ですが、この本を通して、精一杯世の中に挑戦していきたいと思っています。

そしてあなたの挑戦も応援したいと思っています。

どうか、

「一緒に歩んでいきましょう」。

おわりに

このたびは、最後まで読んでいただき、本当にありがとうございます。

そして、製作にあたって、僕の言葉を文字として命を吹き込んでくださったライターの廉屋友美乃さん。僕を信じ、より分かりやすく、感動的な文章に導いてくださった編集の宮地一憲さん。そして会社全体を通してお力添えを頂いた1万年堂出版の皆様、出版に向けて自由にさせてくれて、いつでも応援してくれたGOALDスタッフ、いつでも僕を愛してくれる家族たち、そして、僕を信じ、僕と共にこの本を書くのに協力してくださったお客様の皆様、心より感謝申し上げます。

美容師をして8年、美容業以外に人生でこんなにも時間も熱量も懸けて挑戦したのは、この本が初めてです。

僕は10代の頃からずっと、

「〝人の心〟には無限の可能性があるのではないか?」

そう思っていました。

そして美容師になると、形に見える結果ではなく、形には見えない、〝心〟を大事にお客様と向き合ってきました。

27年間、〝心〟を信じ歩んできたからこそ、このような僕を支えてくださった数々の方との物語をこの本に記せたと思っています。


この本には、3つのテーマがあります。

1つめは、

「挑戦は、素晴らしい」

ということです。

この本にもあったように、挑戦し続けたからこそ、見える景色があると思っています。

人と違うことをすれば、人と違うことを言われ、罵《ののし》られ、苦しくなる。

ですが、人と違うことをしたからこそ、人と違う景色を見ることができます。

挑戦しなければ見えない景色が、きっと世の中には、たくさんあると思っています。

挑戦は〝恐れる〟ものではなく、〝誇る〟もの。

胸を張って、挑戦することを誇ってください。

あなたの挑戦は、何一つ、間違ってなんかいません。

2つめは、

「自信はあなた自身がつくるもの」

ということです。

僕たち、美容師は、お客様に自信を持ってほしいと常々、思っています。

ですが、本当に自信を持つためには、

「変わりたい」「モテたい」「勝ちたい」

何だって、かまわないですが、〃自分の強い意志〃が、何よりも必要です。

あなたが自分を愛し、そして周りの人を愛するためにも、自信を持つことが大事だと思っています。だからこそ、

「自分なんか?」「自分にできるのか?」

そんなことを思う前に、

「やりたい」「叶えたい」

そんな願望を先に頭に浮かべてみてください。

3つめは、

「夢は叶う」。

ありきたりな言葉です。綺麗事かもしれません。

ですが、僕は悩み、苦しみ、泣き、そして胸を張り、努力し、声を上げ、ちょっとずつ自分の夢を実現できてきました。

綺麗事じゃなく、事実なんです。これまですべての夢を叶えてきたから言えます。

だからこそ、これからもまた新たな夢を追いかけると思います。

僕で叶えることができたんです。

これを読むあなたも、きっとできます。

どうか夢を追いかけてください。

この3つのテーマの中で、1つでも周りに、その言葉が似合いそうな人がいれば、どうか、この本をそっと勧めてみてください。

それだけで救われる人や、力をもらえる人がいるかもしれないからです。

新型コロナウイルスという誰も想像しなかったものに、僕たちの日常は一瞬にして奪い去られてしまいました。

では、僕たちの心は奪い去られてしまったのか？

僕はそうは思いません。人の心はそんな簡単に奪われたり、汚れたり、そんな簡単なものではありません。

この本に出てくるように、世界は、ほんとに美しく、素晴らしい人にあふれています。

「この世界は、素晴らしく美しい」

僕は常々、思います。

こんなにも美しい人たちの、美しい物語にあふれた世界は本当に美しいと思います。

嫌に感じるのも、苦しくなるのも見方をちょっと変えれば、きっと変わっていきます。周りに嫌な人がいて、怒るなら、

「この感情に出会わせてくれてありがとう」

と思えばいいだけだと思います。

人の個性を認め、人の良さを探しに行く。そんな気持ちを忘れずにいれば、それだけでグッとあなたの見る世界は、美しくなっていくと思っています。

この本の、今、この文を読まれているあなた。心の中に何かを感じられてここまで読み進められたと思っています。

この本に何かを感じてくださる、それほどの美しい心をお持ちです。

どうか、その今、湧き上がる気持ちを、美しい心を、世の中に向けて伝え続けてみてください。

これを読まれている、僕より年上の皆様。

若造の言葉を最後まで読んでいただき、本当にありがとうございます。

僕からのお願いがあります。

それは、情熱を持ち、夢を抱き、好きにまっすぐな子がいたら、どうか手を差し伸べて、背中を押してあげてください。

必ず、あなたのチーム、会社、どんな場所でも輝き、あなたの力になります。


そして最後にこれを読む、今の時代を生きる若い子たち。

僕も今まで、これを読む君たちと同じように悩み、悔しがり、時に喜び、いろんな不安や葛藤と生きてきた。

きっと10代の僕が見たら、この本を書いてることにも驚くだろう。

じゃあ、何が僕をこうして輝かせてくれたのか?

それは、自分を愛し、周りに感謝し、そして自分を信じ抜くことだ。

どんなに苦しい時も、毎日泣く日が続いても、信じて、前を向くんだ、時に歩けなければ、立ち止まって休憩してもいい。あきらめなければいい。

僕は美容師だ。
この仕事が大好きだ。
でも、それ以上に米田星慧でいることが大好きだ。
夢を持ち挑戦できるこの日々は、本当に美しく幸せだ。
美容師じゃなくていい。何だっていい。
君が思う、なりたい者に、なりたい自分になればいい。
必ず君に光は来る。

周りから見ておかしいと思われても、周りに否定されても自分を信じて進めばいい。
夢を持つ君が、戦うのは周りの人や環境なんかじゃない。
君が生きるこの時代と戦えばいい。
雑音なんて気にするな。

胸を張って生きればいい。

大丈夫。

君は必ず夢を叶えることができる。

だって、今、君が読むこの本を書いた男は地元から、夢だけを持って東京に出て、そして夢を叶えたんだ。

君は何にでもなれる。

君は夢を叶えることができる。

「君こそが、未来なんだ。」

米田　星慧

[著者プロフィール]
米田 星慧（よねだせいえ）

平成5年生まれ。神奈川県相模原市出身。20歳より美容師としてデビュー。テレビ出演多数。令和元年、現在の社長・中村トメ吉がメンズサロン「GOALD」渋谷店を設立した際の、立ち上げメンバー。

27歳で同店の店長に就任。現在は同社執行役員。全国47都道府県からお客様が来店し、リピーターが続出している。

SNSでは、お客様に対して映画の主人公のような熱いメッセージを発信し続け、10代、20代の若者から圧倒的な支持を得ている。

47都道府県の美容専門学校にて講師を務める。お客様との密な関係性により、髪型をオーダーされる以上に、「米田さんと話したい」という理由で指名を集めている。校則改革や誹謗中傷問題の改善など、お客様の悩みの元になる社会問題にも向き合い、活動を行っている。従来の美容師のイメージを覆し、新しい美容師像を創造し続ける若き美容界のエース。

●インスタグラム
https://www.instagram.com/yonedaseie/
● YouTubeチャンネル「Make Map」
https://www.youtube.com/watch?v=U3pCEf0VOk8

執筆	廉屋友美乃
本文デザイン・DTP	濵田恵子
カバーデザイン	玉川大周

15分後 最高にかっこいい 自分になる

令和2年（2020）12月4日 第1刷発行
令和3年（2021）1月14日 第2刷発行

著　者　米田星慧
発行所　株式会社 1万年堂出版
　〒101-0052　東京都千代田区神田小川町2-4-20-5F
　電話 03-3518-2126　FAX 03-3518-2127
　https://www.10000nen.com/
製　作　1万年堂ライフ
印刷所　中央精版印刷株式会社

 ISBN978-4-86626-060-0 C0030